Los Principios y los Métodos de las Misiones 1
El Ministerio Antes del Campo Misionero

Los Bosquejos de la Clase "Principios y Métodos de Misiones 1"

Edición del Maestro

Pastor Jeremy Markle

LOS MINISTERIOS
DE
ANDANDO EN LA PALABRA
Pastor Jeremy Markle
www,walkinginthewordministries.net

Los Principios y los Métodos de las Misiones 1
Diputación: El Ministerio Antes del Campo Misionero

Edición del Maestro

Preparado para la clase "Principios y Métodos de Misiones 1"
Colegio Universitario Bautista de Puerto Rico

Publicado por Los Ministerios de Andando en la PALABRA
Walking in the WORD Ministries
www.walkinginthewordministries.net

Impreso en los Estados Unidos.

ISBN: 978-1947430167

El siguiente material fue escrito como notas para la clase
"Principios y Métodos de Misiones 1,"
en el Colegio Universitario Bautista de Puerto Rico.
Su propósito es proporcionar instrucción bíblica y práctica
para ayudar al misionero a establecerse en su nueva vida y ministerio
en el campo misionero.

Que Dios lo bendiga grandemente
mientras usted y su iglesia participan en la realización de la Gran Comisión.

Pastor Jeremy Markle

INDICE

LOS SIGNIFICADOS DE LAS MISIONES

- **Misión**
  - Indica responsabilidad - "1 Trabajo o encargo que una persona o un grupo tiene la obligación de hacer ..."
  - Indica embajador - "2 Encargo o poder que un gobierno le da a una persona, especialmente a un diplomático ..."
  - Indica ayudar - "3 Obra o función moral que se tiene que realizar por el bien de alguien ..."
  - Indica instrucción - "4 Enseñanza de la religión cristiana a los pueblos que no la conocen ..."
  - Indica localidad - "5 Territorio donde se lleva a cabo la enseñanza de la religión cristiana ..."
  - Indica residencia - "6 Casa, centro o iglesia donde viven y actúan las personas dedicadas a enseñar la religión cristiana en los territorios donde no se conoce."

("Misión." *Diccionario Escolar Lengua Española*, VOX. Biblograf, S.A.: Baracelona, España, 2000.)

☞Las misiones son realizadas cuando los Cristianos aceptan su **responsabilidad** de ser **embajadores** que ofrecen la **ayuda** de Dios al mundo por **enseñar** el evangelio de Dios y hacer discípulos de Jesucristo en **localidades** específicas que no conocen a Jesucristo mientras que tengan **residencia** con aquellos que están tratando de ganar.

Mateo 28:18-20

***18 Y Jesús se acercó y les habló diciendo:
Toda potestad me es dada en el cielo y en la tierra.
19 Por tanto, id, y haced discípulos a todas las naciones,
bautizándolos en el nombre del Padre,
y del Hijo, y del Espíritu Santo;
20 enseñándoles que guarden todas las cosas que os he mandado;
y he aquí yo estoy con vosotros todos los días,
hasta el fin del mundo. Amén.***

II Corintios 5:20

***20 Así que, somos embajadores en nombre de Cristo,
como si Dios rogase por medio de nosotros;
os rogamos en nombre de Cristo: Reconciliaos con Dios.***

- **Misionero(a)**
  - La persona conectada con misiones - "1 de la misión o que tiene relación con esta labor religiosa"
  - La persona que enseña el Evangelio - "2 Persona dedicada a enseñar la religión cristiana a los pueblos que no la conocen ..."

("Misionero(a)." *Diccionario Escolar Lengua Española*, VOX. Biblograf, S.A.: Baracelona, España, 2000.)

☞El misionero es uno que participa en la realización de **misiones** por dedicarse a **enseñar** el Evangelio y hacer discípulos de Jesucristo de aquellos que todavía no lo conocen a Jesucristo.

Romanos 15:16
16 para ser ministro de Jesucristo a los gentiles,
ministrando el evangelio de Dios,
para que los gentiles le sean ofrenda agradable,
santificada por el Espíritu Santo.

I Timoteo 11:12
12 Doy gracias al que me fortaleció,
a Cristo Jesús nuestro Señor,
porque me tuvo por fiel, poniéndome en el ministerio,

"Apóstol"
La Palabra Bíblica de Aquellos Enviados

- Los significados bíblicos
  - El diccionario de Strong
    - #652 - "delegado; espec. embajador del evangelio; oficialmente comisionado de Cristo"

("Apostol." Strong, James. *Nueva Concordancia Strong Exhaustiva: Diccionario.* Nashville, TN: Caribe, 2002.)

  - El diccionario de Vine
    - "apostolos (... 652) es, lit.: uno enviado [apo, de (partitivo); stello, enviar]."
    - "apostole (... 651), enviar, misión. Significa apostolado"

("Apostol." Vine, W.E. *Vine Diccionario Expositivo de Palabras Del Antiguo Y Del Nuevo Testamento Exhaustivo.* Nashville: Editorial Caribe, 1999.)

- Los usos bíblicos
  - De Jesucristo (Hebreos 3:1)
  - De los 12 elegido y enviados por Jesucristo (Mateo 10:1-7, Hechos 1:15-26)
  - De Pablo enviado por Jesucristo (Romanos 1:1, Gálatas 1:1, I Corintios 1:1, 15:8-9)
  - De Pablo y Bernabé (Hechos 14:4, 14)
  - De Andrónico y Junias (Romanos 16:7)
  - De Tito y los hermanos en Cristo de Pablo (II Corintios 8:23) (mensajeros)
  - De Epafrodito (Filipenses 2:25) (mensajero)

☞Como los 12 discípulos de Jesucristo fueron **delegados** para ser Sus 12 apóstoles (los apóstoles de Jesucristo) y **enviados** con la **misión** de predicar del Reino de los Cielos (Mateo 10:1-7), también los misioneros hoy en día (los apóstoles de la iglesia) están **delegados** por el Espíritu Santo como ministros especiales para tener una **misión** de predicar el Evangelio y hacer discípulos a través del mundo, y están **enviados** por la iglesia y el Espíritu Santo para realizar la Gran Comisión (Mateo 28:18-20, Hechos 13:1-4, II Corintios 8:23, Filipenses 2:25).

LOS PASAJES CLAVES DE MISIONES

- **La gran comisión** (la obra)
  - Mateo 28:19-20 - Hacer discípulos de todas las naciones
  - Marcos 16:15-18 - Predicar el evangelio
  - Lucas 24:45-49 - Predicar y testificar a cerca del nombre de Jesucristo a todas las naciones
  - Juan 20:21-22 - Ir en el lugar de Jesucristo en Jerusalén, en toda Judea, en Samaria, y hasta lo último de la tierra
  - Hechos 1:8 - Testificar a cerca de Jesucristo en Jerusalén, en toda Judea, en Samaria, y hasta lo último de la tierra

- **La gran autoridad** (por Jesucristo)
  - Mateo 28:18 - Está enviada con toda la autoridad en los cielos y la tierra
  - John 17:17-18, 20:21-23 - Está enviada por Jesucristo

- **El gran poder** (por el Espíritu Santo)
  - Lucas 24:49 - El poder viene de lo alto por el Espíritu Santo
  - Juan 16:12-16 - El poder para entender viene por el Espíritu Santo
  - Hechos 1:2, 5, 8 - El poder para obedecer viene por el Espíritu Santo

- **La gran responsabilidad** (el Evangelio)
  - Mateo 5:11-16 - Ser sal y luz
  - Romanos 10:12-21 - Enviar para proclamar
  - I Corintios 3:6-7 - Sembrar y regar
  - II Corintios 4:1-7 - No desmayar
  - II Corintios 5:17-21 - Ser embajador
  - Filipenses 2:15-16 - Ser luz
  - II Timoteo 2:1-2 - Enseñar a los otros para continuar

- **La gran oportunidad** (el ministerio)
  - Juan 4:35-38 - Recoger cuando el fruto esté listo en la obra
  - Hechos 13:1-4 - Enviar y ser Enviado a la obra
  - Hechos 14:27-28 - Recibir testimonio de las grandes cosas que Dios está haciendo en la obra
  - II Corintios 8-9, Filipenses 2:15-20 - Apoyar a aquellos en la obra

  - Efesios 3:7-9, I Timoteo 1:12 - Participar en la obra
  - Filipenses 2:25-30, 4:18 - Viajar para participar por un tiempo corto en la obra

- **La gran petición**
  - Mateo 9:38, Lucas 10:2 - Orar al Señor de la mies que envíe los labradores
  - Romanos 15:30-33, I Corintios 1:11, Efesios 6:18-20, Colosenses 4:2-4, I Tesalonicenses 5:24-28, II Tesalonicenses 3:1-7, Hebreos 13:18-19 - Orar por los labradores realizando la obra

El Plan de Dios para las Misiones

Mateo 28:19-20

19 Por tanto, id, y haced discípulos a todas las naciones,
bautizándolos en el nombre del Padre,
y del Hijo, y del Espíritu Santo;
20 enseñándoles que guarden todas las cosas que os he mandado;
y he aquí yo estoy con vosotros todos los días,
hasta el fin del mundo. Amén.

I. Ir ... a todas las naciones (19)
*La palabra "id" está en la forma gramática de participio actual para decir; "Mientras que se vaya o mientras que esté en camino."
*Ir a todas las criaturas (Marcos 16:15).
  A. Mateo 28:18-20
    1. A todas las naciones
  B. Marcos 16:15
    1. Por todo el mundo
    2. A todas las criaturas
  C. Lucas 24:45-49
    1. En todas las naciones
    2. Comenzando desde Jerusalén
  D. Hechos 1:8
    1. En Jerusalén
    2. En toda Judea
    3. En Samaria
    4. Hasta el último de la tierra

II. Hacer discípulos a todas las naciones (19b-20a)
*"Hacer" es en forma de mandato
*Todas las naciones (Apocalipsis 5:8-10, 7:9-10)
  A. Hacer discípulos (19b)
  *Predicando el Evangelio (Marcos 6:15, I Corintios 15:1-4)
    1. La práctica de los discípulos de Jesús
      a. Juan 8:31-32 - El discípulo de Cristo sigue Su Palabra
      b. Juan 13:34-35 - El discípulo de Cristo ama a los demás
      c. Juan 15:1-8 - El discípulo de Cristo produce el fruto espiritual

2. Los requisitos de ser discípulo de Cristo (Lucas 14:26-33)
    a. Al discípulo de Cristo, Cristo vale más que todos los demás (26)
       *Mateo 10:37, 16:24-26
       *Marcos 8:34-38
       *Lucas 9:23-36
       *El misionario tiene que ser un discípulo de Cristo antes que pueda ayudar al otros a ser discípulos de Cristo (I Corintios 11:1, Filipenses 3:17)
    b. El discípulo de Cristo está preparado a sufrir y morir a sí mismo para Él (27a)
       *Mateo 10:38a
       *Gálatas 2:20
    c. El discípulo de Cristo hace lo que Él hace (27b)
       *Mateo 10:38b
       *Juan 13:15
       *I Pedro 2:21
    d. Para el discípulo de Cristo, Cristo vale más que todos sus bienes (28-33)
       *Filipenses 3:7-10
3. Los fines de ser discípulo de Cristo
    a. El mundo va a rechazarte (Mateo 10:22-33)
       *Juan 15:18-25
    b. Jesucristo va a aceptarte como familia (Mateo 12:47-50)

B. Bautizarlos quienes son discípulos (19c)
   *En el nombre de la trinidad
      *La trinidad trabajaba en unidad para proveer la salvación (Romanos 8:1-17, Efesios 1-2:7, I Pedro 1:2-5, 3:18, Hebreos 9:14)
1. Según el ejemplo del bautismo de Cristo (Mateo 3:13-17)
    a. El bautismo de Jesús era para cumplir la justicia (13-15)
    b. El bautismo de Jesús estaba en el agua (16)
    c. El bautismo de Jesús era aprobado por Dios (17)
2. Para demonstrar la identificación con Cristo por el bautismo fisico (Romanos 6:3-4)
    a. El bautismo identifica con la muerte de Jesús (3-4)
    b. El bautismo identifica con la resurrección de Jesús (4)
    c. El bautismo identifica con la vida nueva después la salvación (4)

3. Como los otros quienes obedecieron a Cristo por el bautismo
    a. Hechos 2:37-41 - Los 3,000 en el día de Pentecostés
    b. Hechos 8:5, 12 - Los creyentes en Samaria
    c. Hechos 8:35-38 - El eunuco de Etíope
    d. Hechos 16:30-34 - El carcelero de Filipos y su casa
    e. Hechos 18:8 - Crispo y su casa con muchos otros en Corintio

C. Enseñarlos quienes son discípulos (20a)
*Enseñar que guarden todo lo que Jesús les dio
**Tito 2:11-15
**I Juan 2:5-6

1. Los básicos de los mandatos de Jesús (Mateo 22:36-40)
*I Juan 5:2-3
    a. Amar a Dios
    *Juan 14:15
        (1) Con todo tu corazón
        (2) Con toda tu alma
        (3) Con toda tu mente
    b. Amar a tu prójimo
    *Romanos 13:10
        (1) Con el mismo amor que tienes para con ti mismo
        *Mateo 7:12
        *Efesios 5:29

Mateo 22:40

40 De estos dos mandamientos
depende toda la ley y los profetas.

2. El interés en la instrucción de los mandatos de Dios (Hechos 2:37-47)
    a. Ellos perseveraban en la doctrina de Dios (42)
    *Todas sus vidas estaban transformadas por la instrucción recibida
    *II Timoteo 3:14-17

b. Ellos perseveraban en el lugar de instrucción de la doctrina de Dios (46)
*Estaban en el templo diariamente para recibir la instrucción de Dios
*Salmos 122:1
*Hebreos 10:22-25

3. El ejemplo de enseñar los mandatos de Dios (Hechos 20:17-27)
   a. Enseñar todo el consejo de Dios (20a, 21b, 27)
      (1) Porque es útil (20a)
      (2) Para que haya ... (21b)
         (a) Arrepentimiento para con Dios
         (b) Fe para con Jesucristo
   b. Enseñar en todos lugares (20b)
      (1) En público
      (2) En privado
   c. Enseñar a todas las personas (21a)
      (1) Judíos
      (2) Gentiles
4. Las expectativas en enseñar los mandatos de Dios (Hechos 20:28-32)
   a. Velar con la memoria de la instrucción (31)
   b. Edificar por la instrucción (32b)
   c. Esperar en la herencia prometida en la instrucción (32c)

III. Depender en la presencia de Jesús (20)
*Jesús empezó con la potestad (autoridad) y terminó con un mandato de recordar su autoridad y presencia.
*"***He aquí***" es en forma de mandato indicando que es un mandato de recordar continuamente Su presencia (Lucas 24:49).
**"He aquí" está usada 62 veces en Mateo (Mateo 1:20, 23, 2:9, 13, 19, 3:26).

A. Jesús manda que recuerda Su compromiso de Su presencia
"***... yo estoy con vosotros ...***"
   1. La presencia de Jesús produce el contentamiento (Hebreos 13:5-6)
   *Los discípulos de Cristo tuvieron protección, provisión y dirección con la presencia de Él durante su ministerio (Marcos 4:36-41, Lucas 9:12-27)

a. El contentamiento con lo que tiene
*Salmo 37:25
*I Timoteo 6:6-8
b. El contentamiento por como Jesús nos ayuda (con protección)
*Isaías 41:10-13

B. Jesús manda que recuerda Su compromiso de Su <u>fidelidad</u>
"***... todos los días, hasta el fin del mundo.***"

1. La presencia de Jesús incluye cuando uno esté <u>solito</u> (II Timoteo 4:10-17)
a. Pablo estaba dejado por los demás en el ministerio (10-13)
(1) Uno dejó a Pablo porque del desánimo y un enfoque mundano (10a)
(2) Algunos dejaron a Pablo para el servicio del Señor (10b, 12)
*Lucas fue el único que estaba con Pablo
b. Pablo estaba unido con Jesús en el ministerio (14-17)
*En los ataques contra el ministerio (14-16, 17b)
**I Corintios 15:32
**Daniel 6 (16-22) - Daniel en foso de los leones
(1) Pablo recibió la fuerza de Jesús (17a)
(2) Pablo predicó el mensaje de Jesús (17b)
(3) Pablo estaba protegido por Jesús (17c)
*Daniel 3 (16-27) - Sadrac, Mesac y Abed-nego en el horno de fuego ardiendo
(4) Pablo tenía confianza en Jesús (18)
*Él tenía confianza en la protección de todas las malas obras

EL LLAMAMIENTO DEL MINISTRO DE DIOS

LA VOLUNTAD DE DIOS EN SU VIDA

I Timoteo 1:12
12 Doy gracias al que me fortaleció, a Cristo Jesús nuestro Señor, porque me tuvo por fiel, poniéndome en el ministerio,

I Timoteo 3:1
1 Palabra fiel: Si alguno anhela obispado, buena obra desea.

Filipenses 2:13
13 Porque Dios es el que en vosotros produce así el querer como el hacer, por su buena voluntad.

I. El llamado *(responsabilidad)* de Dios en general a todos los creyentes de ministrar el evangelio al mundo
   A. Por el mandato de la Gran Comisión (Mateo 28:18-20, Marcos 16:15-16, Lucas 24:46-48)
   B. Por la presencia y el poder del Espíritu Santo (Lucas 24:49-50, Hechos 1:4-8)
   C. Por el puesto dado de embajador (II Corintios 5:17-21)
   D. Para ser la sal y la luz espiritual (Mateo 5:11-16)

II. El llamado de Dios específico al ministro de Dios
   A. Los 12 discípulos
      *Jesús personalmente eligió y anunció su llamado a cada uno de ellos
      1. Ellos fueron llamados personalmente por Jesús a seguirle en Su ministerio (Mateo 10:1-20 , Marcos 3:13-119, 6:7, Lucas 6:13-16)
      2. Ellos fueron enseñados por Jesús por 3 años de cómo ministrar por palabra y ejemplo (John 17:1-26)
      3. Ellos fueron enviados por Jesús al ministerio en Su ausencia por el poder del Espíritu Santo (Juan 20:19-23, Hechos 2:1-47)

B. Pablo
*Él dijo que fue la voluntad de Dios (I Corintios 1:1, II Corintios 1:1, Gálatas 1:1, Efesios 1:1, Colosenses 1:1, II Timoteo 1:1)
1. Él fue confrontado y llamado a la salvación personalmente por Jesús (Hechos 9:1-9) y llamado al ministerio por la instrucción dado al Ananías (Hechos 9:10-18)
*Romanos 1:1, I Timoteo 1:1, Tito 1:1
2. Él fue entrenado por Jesucristo por 3 años y luego ministró con otros ministros de Dios para ganar experiencia espiritual (Hechos 9:19-30, 11:25-30, 12:25, Gálatas 1:15-24)
*Pabló recibió su llamado para ser "misionero" aproximadamente 8 años antes que estaba enviado por la iglesia y el Espíritu Santo en su primer viaje misionero con Bernabé
3. Él fue reconocido y enviado por la iglesia en Antioquia como ministro de Dios con el poder del Espíritu Santo (Hechos 13:1-4)

C. Timoteo
*La palabra "don" es usado en lugar de "llamado" para describir la voluntad de Dios en la vida de Timoteo a ser un ministro de Dios
1. Él fue llamado a la salvación de Jesucristo por ser dado las Escrituras por su madre y abuela y su llamado al ministerio fue dado como don por profecía y el presbiterio (Hechos 16:1-3, I Timoteo 4:14, II Timoteo 1:5, 3:14-16,)
2. Él fue enseñado por Pablo para ministrar con él (Hechos 16:4+, I y II Timoteo)
3. Él fue reconocido como llamado por Dios y enviado al ministerio por Pablo (Hechos 17:14–15, 19:22, 20:4, Romanos 16:21, I Corintios 4:17, 16:10, I Timoteo 1:2-3, 4:12-16, 6:13-14, II Timoteo 1:6, 4:2-5)

Las Palabras Usadas por el Llamado Ministro de Dios al Ministerio

- Escogido - Hechos 9:15
- Mandado - Hechos 13:46-47
- Enviado - Hechos 22:21, 26:17
- Dado Gracia - Romanos 1:5, 15:15-18, I Corintios 3:10, 15:10, Gálatas 1:15-16, 2:9, Efesios 3:7-8
- Impuesta - I Corintios 9:16
- Comisión - I Corintios 9:17-18
- Encomendado - Gálatas 2:7–8, I Tim oteo 1:11
- Administración - Efesios 3:1-6
- Hecho - Colosenses 1:23-25
- Constituido - I Timoteo 2:7, II Timoteo 1:11
- Confiado - I Tesalonicenses 2:4
- Poner - I Timoteo 1:12-14

III. El llamado de Dios especial a ministrar a personas específicas, en un lugar específica, por un tiempo específico (Hechos 8:1-4, 15:40-16:13)
*Este "llamado" puede ser reconocido como la voluntad de Dios para hacer un ministerio específico y es encontrado por la dirección de Dios mientras que está ministrando
**El llamado de Felipe al desierto, y de Pablo a Macedonia
**El llamado para cumplir un ministerio específico, no para ministrar en general

A. El llamado estaba ministrando antes
   1. Felipe - Predicando en Samaria (8:1-25)
   2. Pablo - Predicando en muchos pueblos (15:40-16:6)
B. El llamado tenía que ir a un sitio a lo cual no estaba planeando de ir
   1. Felipe - Salir de Samaria para ir al camino intermedio Jerusalén y Gaza (8:26)
   2. Pablo - El Espíritu Santo no lo permitió ir a Asia ni Bitinia (16:6-7)
C. El llamado recibió la noticia sobre la necesidad de la gente
   1. Felipe - Informado por un ángel (8:26)
   2. Pablo - Informado por sueño (16:9)

D. El llamado obedeció inmediatamente por ir al sitio/persona
   1. Felipe - El se levantó y se fue (8:27)
   2. Pablo - Él salió lo más pronto posible para llegar a Macedonia (16:10-12)
      *Dando por cierto que Dios nos llamaba para que les anunciásemos el evangelio.
E. El llamado encontró alguien buscando a Dios
   1. Felipe - El eunuco estaba estudiando Isaías (8:28-31)
   2. Pablo - Lidia adoró a Dios y prestó atención al mensaje del ministro (13-14)
F. El llamado cumplió su llamado por presentar el Evangelio, y bautizar a los nuevos creyentes
   1. Felipe - El eunuco aceptó a Jesús, y fue bautizado (8:32-40)
      *Él continuó a ministrar en otros pueblos inmediatamente después por la dirección del Espíritu Santo
   2. Pablo - Lidia aceptó a Jesús y fue bautizada (16:13-15)

Cuando hay dudas en el ministerio
es importante de repasar
la anhela original que tenia para servir a Dios
y
los pasos realizados por Dios para confirmar el llamado
por recordad la voluntad de Dios realizada y bendecida

El Llamamiento del Misionero en Hechos
por el Ejemplo de Pablo

I Timoteo 1:12
12 Doy gracias al que me fortaleció, a Cristo Jesús nuestro Señor, porque me tuvo por fiel, poniéndome en el ministerio,

La iglesia debe realizar su ministerio de discipular a los creyentes para que estén dispuestos para recibir el llamado de Dios por el ministerio.

I. El llamado a ... (Hechos 9:1-16, 26:12-30)
   A. La salvación (9:4-6, 26:14-15)
   B. El servicio (9:15-16, 26:16-18)

II. El llamado confirmado (Hechos 13:1-4)
   *Pabló recibió su llamado para ser "misionero" aproximadamente ocho años antes que estaba enviado por la iglesia y el Espíritu Santo en su primer viaje misionero con Bernabé
   A. Confirmado por los líderes espirituales (1)
      1. Profetas
      2. Maestros
   B. Confirmado mientras que estaba participando en la obra (2a)
      1. Ministrando
      2. Ayunando
   C. Confirmado por el Espíritu Santo (2b)
      1. Mandato de apartarse
      2. Mandato de cumplir una obra específica
   D. Confirmado por la dedicación de los líderes espirituales y la iglesia (3a)
      1. Por ayunar
      2. Por orar

3. Por poner sus mansos sobre ellos
4. Por enviarlos

III. El llamado obedecido (Hechos 13:4-5)
*La Gran Comisión en acción
A. Por la dirección y poder del Espíritu Santo (Lucas 24:49, Juan 16:12-16, Hechos 1:2, 5, 8)
B. Por ir al mundo (Mateo 28:19-20, Marcos 16:15, Lucas 24:45-49, Hechos 1:8)
C. Por anunciar la Palabra de Dios (el Evangelio) (Marcos 16:15, Lucas 24:47-48, Hechos 1:8)
D. Por incluir a otros en el ministerio (los discípulos) (Mateo 28:19-20)

Los Requisitos de Ser Ministro de Dios

I Corintios 9:26-27

***26 Así que, yo de esta manera corro, no como a la ventura;
de esta manera peleo, no como quien golpea el aire,
27 sino que golpeo mi cuerpo, y lo pongo en servidumbre,
no sea que habiendo sido heraldo para otros,
yo mismo venga a ser eliminado.***

II Corintios 6:1-10 (3-4)

***3 No damos a nadie ninguna ocasión de tropiezo,
para que nuestro ministerio no sea vituperado;
4 antes bien, nos recomendamos en todo como ministros de Dios ...***

Santiago 3:1

***1 Hermanos míos, no os hagáis maestros muchos de vosotros,
sabiendo que recibiremos mayor condenación.***

I. Los misioneros en generales (Hechos 9:4-18, 13:1-4, 26:14-19)
   A. Una persona salvada (9:4-17, 26:14-15)
   B. Una persona obediente (9:19)
   C. Una persona llamada (9:15-16, 26:16-18)
      *Seguro que es en la voluntad de Dios por la confianza del Espíritu Santo
   D. Una persona participando en el ministerio (13:1-2)
   E. Una persona dedicada a la oración (ayunar) (13:2)
   F. Una persona reconocida por los de más como llamado por el Espíritu Santo (13:3)

II. Los misioneros en el ministerio en general (Tito 2:1-4)
   *Es la "sana doctrina" que produce la vida pura para cada creyente
   A. El misionero (2)
      1. ***Sobrio*** - "*1 [persona] Que no es exagerado en su forma de actuar, especialmente al comer y al beber.*" (Diccionario Escolar Lengua Española, VOX. Biblograf, S.A.: Baracelona, España, 2000.)
      2. ***Serio*** - "*1 Que tiene un aspecto severo y sobrio ... 2 Que es responsable y riguroso, y obra pensando bien sus actos, sin hacer*

bromas y sin tratar de engañar ... 4 Que es grave o importante, o que provoca preocupación ..." (*Diccionario Escolar Lengua Española*, VOX. Biblograf, S.A.: Baracelona, España, 2000.)

3. ***Prudente*** (Discreción) - *"Que muestra buen juicio y madurez in sus actos y obra con moderación."* (*Diccionario Escolar Lengua Española*, VOX. Biblograf, S.A.: Baracelona, España, 2000.)
4. ***Sano*** . . . - *"Que está entero, que no tiene ningún defecto. Que es sincero y tiene buena intención."* (*Diccionario Escolar Lengua Española*, VOX. Biblograf, S.A.: Baracelona, España, 2000.)
   a. ***En la fe***
   b. ***En el amor***
   c. ***En la paciencia***

B. La misionera (3-4a)
1. ***Reverentes*** (Reverenciar) - *"Mostrar respecto o veneración por una persona o una cosa a las que se estima ..."* (*Diccionario Escolar Lengua Española*, VOX. Biblograf, S.A.: Baracelona, España, 2000.)
2. ***No calumniadora*** (Calumniar) - "Acusar falsamente a alguien con la intención de causarle daño." (*Diccionario Escolar Lengua Española*, VOX. Biblograf, S.A.: Baracelona, España, 2000.)
3. ***No esclava del vino***
   a. Esclava - *"1 [persona] Que carece de libertad y derechos propios por estar sometido de manera absoluta a la voluntad y el dominio de otra persona. 2 [persona] Que carece de libertad por estar sometido a la voluntad e otra persona, a una forma de vida opresiva o a un vicio ..."* (*Diccionario Escolar Lengua Española*, VOX. Biblograf, S.A.: Baracelona, España, 2000.)
   b. Vino - *"Bebida alcohólica obtenida de la fermentación del zumo de la uva"* (*Diccionario Escolar Lengua Española*, VOX. Biblograf, S.A.: Baracelona, España, 2000.)
4. ***Maestra del bien***
   a. Maestra - *"2 Persona que se dedica a la enseñanza y que tiene título para ello, especialmente la que enseña en la escuela primaria. 3 Persona de gran experiencia en una materia ... 7 Persona que se dedica a torear."* (*Diccionario Escolar Lengua Española*, VOX. Biblograf, S.A.: Baracelona, España, 2000.)
   b. Bien - *"1 De modo adecuado o correcto; como moral o técnicamente se debe ... 10 Cosa que es útil o buena para una persona o un grupo y que produce felicidad: no seas egoísta y busca con el trabajo tu bien y el de los demás."* (*Diccionario Escolar Lengua Española*, VOX. Biblograf, S.A.: Baracelona, España, 2000.)

III. Los misioneros/pastores (I Timoteo 3:1-7, Tito 1:6-9)
*I Timoteo 3:1 ***Palabra fiel: Si alguno anhela obispado, buena obra desea.***
*I Timoteo 3:2 ***Pero es necesario que el obispo sea irreprensible ...***
*Tito 1:6 ***El que fuere irreprensible ...***
*Irreprensible - "*No puede ser llamado a rendir cuentas ... sin acusación alguna, como resultado de una investigación publica ... Implica no una mera absolución, sino la inexistencia de cualquier tipo de cargos o de acusación en contra de una persona ...*" (Vine, W.E. *Vine Diccionario Expositivo de Palabras Del Antiguo Y Del Nuevo Testamento Exhaustivo*. Nashville: Editorial Caribe, 1999.)

A. Los requisitos para la vida privada del misionero/pastor (y su familia) (I Timoteo 3:2, 4-5, Tito 1:6)

1. ***Marido de una sola mujer*** (I Timoteo 3:2, Tito 1:6)
✎*El hombre de Dios debe ser un hombre de una sola mujer. Este requisito incluye, pero no es limitado, a los documentos legales del matrimonio. Un hombre de Dios debe ser dedicado en sus pensamientos, actitudes, emociones, y acciones a la esposa que Dios le ha dado.*

2. ***Que gobierne bien su casa, ... (pues el que no sabe gobernar su propia casa, ¿cómo cuidará de la iglesia de Dios?);*** (I Timoteo 3:4-5)
✎*El hombre de Dios debe ser un buen líder en su casa que cumple su responsabilidad de manejar su casa con toda diligencia.*

3. ***Que tenga a sus hijos en sujeción con toda honestidad*** (I Timoteo 3:4)
✎*El hombre de Dios debe mantener su liderazgo sobre sus niños. Sus niños deben estar en sumisión al liderazgo de su padre.*

4. ***Tenga hijos creyentes que no estén acusados de disolución ni de rebeldía*** (Tito 1:6)
✎*El hombre de Dios debe estar comprometido a criar a niños piadosos. Sus niños deben ser entrenados en la crianza y la admonición del Señor, y no ser dados a una vida perversa y rebelde.*

B. Los requisitos para la vida público del misionero/pastor (su testimonio y ministerio) (I Timoteo 3:2-3, 6-7, Tito 1:7-9)

*I Timoteo 3:7 ***Porque es necesario que el obispo sea irreprensible ...***
*Tito 1:7 ***... como administrador de Dios ...***

⇨*El predicador debe estar atento como el siervo de Dios, y en la dependencia de Dios para cumplir el ministerio de Dios.*

1. ***Sobrio*** *(I Timoteo 3:3, Tito 3:8)*
   ✎*El hombre de Dios debe ser un hombre de los pensamientos bien firmados. No debe ser de doble ánimo en sus decisiones ni en su estilo de vivir. Debe exhibir la prudencia.*
2. ***Prudente*** (I Timoteo 3:2)
   ✎*El hombre de Dios debe ser circunspecto y cuidadoso en sus palabras y acciones.*
3. ***Decoroso*** (I Timoteo 3:2)
   ✎*El hombre de Dios debe cumple las buenas obras en una manera muy ordenada.*
4. ***Hospedador*** (I Timoteo 3:2, Tito 3:8)
   ✎*El hombre de Dios debe mantener un corazón de la generosidad que cuando se puede, abra su vida y casa igualmente a los amigos y fulanos. Es un sirviente de Dios, por lo tanto debe estar dispuesto para servir a aquellos a quienes Dios le trae.*
5. ***Apto para enseñar*** (I Timoteo 3:2)
   ✎*El hombre de Dios debe tener la habilidad de comunicar la Palabra de Dios en una manara clara y completa para que los oidores puedan entenderla y aplicarla.*
6. ***No dado al vino*** (I Timoteo 3:3, Tito 3:7)
   ✎*El hombre de Dios no puede participar en la bebida de alcohol ni consumir ninguna otra cosa que se forma adicción, ni los productos que se causen la falta de claridad de pensar. No debe ser "bajo la influencia del alcohol."*
7. ***No pendenciero*** (I Timoteo 3:3, Tito 3:7)
   ✎*El hombre de Dios no debe ser peleón. Debe ser un hombre que exhibe un deseo de vivir con todos hombres pacíficamente. Debe mantener el autocontrol sobre su humor y agresión.*
8. ***No codicioso de ganancias deshonestas*** (I Timoteo 3:3, Tito 3:7)
   ✎*El hombre de Dios no debe enfocarse en los beneficios financieros ni tener el amor para el dinero.*

9. ***Amable*** (I Timoteo 3:3)
   ✎*El hombre de Dios debe ser suave y paciente con los demás.*
10. ***Apacible*** (I Timoteo 3:3)
    ✎*El hombre de Dios debe buscar la paz en vez de disfrutar los conflictos con los demás.*
11. ***No avaro*** *(I Timoteo 3:3)*
    ✎*El hombre de Dios no debe buscar la ganancia propia en las cosas materiales ni desear las cosas que no son los suyos.*
12. ***No soberbio*** *(Tito 3:7)*
    ✎*El hombre de Dios no debe ser excesivamente seguro en sí, ni arrogante.*
13. ***No iracundo*** (I Tim. 3:3, Tito 3:7)
    ✎*El hombre de Dios debe ser paciente y manso.*
14. ***Amante de lo bueno*** (Tito 3:8)
    ✎*El hombre de Dios debe ser uno quien adora las cosas piadosas. Él debe intentar de rodearse con las cosas y las personas que continuarán a ayudarlo madurar personalmente y en el ministerio.*
15. ***Justo*** (Tito 1:8)
    ✎*El hombre de Dios debe ser recto y exhibir la rectitud en sus decisiones y consejo.*
16. ***Santo*** (Tito 1:8)
    ✎*El hombre de Dios debe tratar de exhibir la santidad de su Señor a través de su vida. Debe exhibir una vida de la separación de la lujuria de los ojos, la lujuria de la carne, y el orgullo de la vida.*
17. ***Dueño de sí mismo*** (Tito 1:8)
    ✎*El hombre de Dios debe tener control de sus deseos y pasión. Debe ser un hombre que es disciplinado personalmente.*
18. ***No un neófito*** (I Timoteo 3:6)
    No sea que envaneciéndose caiga en la condenación del diablo.
    ✎*El hombre de Dios debe ser un creyente maduro que tiene profundidad en su entendimiento y uso de la Palabra de Dios.*

19. ***Retenedor** de la palabra fiel tal como ha sido enseñada* (Tito 1:9)
Para que también pueda exhortar con sana enseñanza y convencer a los que contradicen
✎*El hombre de Dios debe ser cimentado firmemente las doctrinas de las Escrituras hasta el punto de que no sería persuadido a cambiarse de las verdades ha sido enseñado (Hebreos 5:12-14).*
✎*El hombre de Dios debe ser capaz para usar su conocimiento de las Escrituras sabiamente y precisamente para edificar la vida espiritual de ellos a quien ministra y a confrontarlos a ellos que se aposen la Palabra de Dios (Efesios 4:11-16).*
20. ***Buen testimonio de los de afuera*** (I Timoteo 3:7)
****para que no caiga en descrédito y en lazo del diablo.***
✎*El hombre de Dios debe mantener un testimonio puro delante de los incrédulos para que no haya daño al ministerio de Dios ni que el Diablo tenga oportunidad de atacar.*

Tito 1:9
Todas las requisitos para el hombre de Dios son
"***. . . Para que también pueda exhortar con sana enseñanza y convencer a los que contradicen***"

Extra instrucción sobre el Ministro de Dios

☞El misionero debe estudiar y aplicar la Palabra de Dios en su vida privada y publica para que tiene la madures a ayudar a los demás - Hebreos 5:12-14, I Pedro 2:1-3
☞El misionero debe ser enfocado en establecer a cada creyente y ministerio para la protección de la doctrina falsa - Efesios 4:11-16
☞El misionero debe presentar la verdad constante mientras evitar las distracciones inútiles - I Timoteo 4:6-7
☞El misionero debe voluntariamente afrentar a aquellos que están viviendo contrario a la Palabrada de Dios - Gálatas 6:1-2, Santiago 5:19-20
☞El misionero debe ser amable cuando enfrente firmemente a aquellos en el pecado - II Timoteo 2:24-26, II Tesalonicenses 5:14

LA IGLESIA ENVIADORA
HECHOS 13:1-2

Hechos 13:1-2
1 Había entonces en la iglesia que estaba en Antioquía, profetas y maestros: Bernabé, Simón el que se llamaba Niger, Lucio de Cirene, Manaén el que se había criado junto con Herodes el tetrarca, y Saulo.
2 Ministrando éstos al Señor, y ayunando, dijo el Espíritu Santo: Apartadme a Bernabé y a Saulo para la obra a que los he llamado.

I. La iglesia local confirma el llamado de Dios al ministerio (Hechos 13:1-4)
*Pablo sirvió al Señor por años antes que fue reconocido por la iglesia como "llamado" al ministerio
   A. El llamado fue reconocido por los líderes de la iglesia (1)
      1. Profetas
      2. Maestros
   B. El llamado fue reconocido mientras que él estaba participando en el ministerio de la iglesia (2a)
      1. Ministrando
      2. Ayunando
   C. El llamado fue reconocido como enviado por el Espíritu Santo y no la iglesia (2b)
      1. Él mandato de separar las personas especifica - La iglesia tenia que poner aparte aquellos que Dios usar en otros lugares
      *Apartadme (Strong #873) - "*dajar fuera uno mismo, i.e. (fig.) límite, excluir, nombrar*" (Strong, James. *Nueva Concordancia Strong Exhaustiva: Diccionario.* Nashville, TN: Caribe, 2002.)
      2. El mandato de cumplir una obra específica - El misionero tenia que acercarse a Dios para cumplir el ministerio de Dios en otros lugares
      *Llamado (Strong #4341) - "llamar hacer uno mismo, i.i. citar, invitar:–convocar, exhortar, llamar" (Strong, James. *Nueva Concordancia Strong Exhaustiva: Diccionario.* Nashville, TN: Caribe, 2002.)
   D. El llamado fue confirmado por la dedicación de los líderes espirituales de la iglesia (3a)
      1. Por ayunar
      2. Por orar

3. Por poner sus mansos sobre ellos
4. Por enviarlos

☞Un misionero debe tener experiencia y evidencia de fidelidad en la obra del ministerio antes que se avance en el ministerio de misiones.
☞Un misionero debe ser ordenado por una iglesia local antes que se avance en el ministerio de misiones.
☞Un misionero debe tener la aprobación de su iglesia enviadora antes que se avance en el ministerio de misiones.

**Sin el reconocimiento y bendición de una iglesia local*
y sus lideres espirituales,
el ministro de Dios está falta la confirmación
y bendición de Dios en su ministerio.

II. La iglesia local es la enviadora humana, quien es de acuerdo con el Espíritu Santo, el enviadora divina (Hechos 13:3b-4, 14:26, 15:40)
   A. La iglesia es quien libra el misionero de su ministerio y responsabilidades para ir al otros lugares
      *Despidieron (Strong #630) - "*libertar completamente, i.e. (lit.) alviar, soltar, dimitir*" (Strong, James. *Nueva Concordancia Strong Exhaustiva: Diccionario.* Nashville, TN: Caribe, 2002.)
   B. El Espíritu Santo es Quien dirige al misionero al otro ministerio para realizar
      *Enviados (Strong #1599) - "*despachar:–enviar*" (Strong, James. *Nueva Concordancia Strong Exhaustiva: Diccionario.* Nashville, TN: Caribe, 2002.)

III. La iglesia local enviadora debe mantener un lugar especial en el ministerio del llamado (Hechos 14:26-15:35, 18:22-23)
   A. Un lugar para compartir un testimonio del ministerio (14:26-27)
   B. Un lugar para tener descanso del ministerio (14:28, 18:22-23)
   C. Un lugar para participar en el compañerismo y ministerio (15:1-35)

LA AGENCIA MISIONERA
II CORINTIOS 8:16-24

II Corintios 8:18-19
18 Y enviamos juntamente con él al hermano cuya alabanza en el evangelio se oye por todas las iglesias; 19 y no sólo esto, sino que también fue designado por las iglesias como compañero de nuestra peregrinación para llevar este donativo, que es administrado por nosotros para gloria del Señor mismo, y para demostrar vuestra buena voluntad;

*La Agencia Misionera es una delegación aprobada por las iglesias para recoger y distribuir sus ofrendas misioneras a los misioneros y a los creyentes de que ellas tienen el deseo de apoyar mientras que representar el misionero, su doctrina, y su practica a las iglesias en su ausencia.

1. Ella tiene que tener *labradores* que trabajan de su corazón para el beneficio de las <u>iglesias</u> y aquellos que ella está ayudando (II Corintios 8:16-17)

2. Ella tiene que ser *manejada* por los <u>*creyentes*</u> (II Corintios 8:18-19, 22-24)
   a. Creyentes de buen <u>testimonio</u> con las iglesias
   b. Creyentes <u>aprobados</u> por las iglesias

3. Ella tiene que *administrar* las ofrendas con <u>honestidad</u> (II Corintios 8:20-21)
   a. Honestidad delante de <u>Dios</u>
   b. Honestidad delante de los <u>hombres</u>

LOS BENEFICIOS DE LA AGENCIA MISIONERA

PARA LA IGLESIA Y EL MISIONERO

*Cada agencia sirve a sus misioneros en diferentes maneras y a diferentes niveles, ambos en como ella verifica y demanda cuenta de las doctrinas y las prácticas bíblicas del misionero y en como ella maneja los fondos para el misionero (desde ser un centro de intercambio de fondos hasta controlar cada detalle de la vida y el ministerio).

1. Credibilidad
    a. La iglesia - Por su proceso de entrevista, ella provee credibilidad a la iglesia que el misionero tiene creencias específicas y entrenamiento/experiencia adecuado para realizar el ministerio
    b. El misionero - Por comunicación de los misioneros en la misma agencia, el misionero tiene la oportunidad de investigar el testimonio de las iglesias que está visitando

2. Referencias
    a. La iglesia - Por su lista de misioneros, ella provee numerosos misioneros para que la iglesia pueda invitarlos y apoyarlos
    b. El misionero - Por su lista de iglesias que ya apoyan a sus otros misioneros, el misionero puede tener acceso a unas listas de iglesias de la misma fe y práctica

3. Preparación
    a. La iglesia - Por los líderes de la agencia visitando y predicando en la iglesia, ella puede estar preparada para recibir visitas del misionero y apoyarlo bíblicamente y prácticamente
    b. El misionero - Por el entrenamiento y consejo ofrecido por los maduros en el ministerio el misionero puede estar suficiente preparado para los cambios a su vida y el proceso de empezar su ministerio en su nuevo país

4. Finanzas
   a. La iglesia - Por su testimonio y establecimiento como un ministerio/corporación sin fines de lucro que tiene sus procedimientos bien establecidos, la iglesia tiene un lugar para enviar sus ofrendas, y puede tener confianza en que los fondos designados al misionero están manejados correctamente
      *La iglesia puede pedir reportes de sus ofrendas y de los presupuestos de sus misioneros
   b. El misionero - Por sus procedimientos bien explicados y un presupuesto bien hecho (ministerio, salario, plan médico, impuestos, etc.), el misionero puede saber exactamente los fondos disponibles para cada área de su ministerio y familia, y puede tener la seguridad de los recursos por la agencias
      *Como negocio, la agencia puede proveer mejor seguro médico de un individual o una iglesia
      *La agencia puede acumular los fondos para las emergencias médicas o políticas por ahorrar un poco de cada misionero para el tiempo de necesidad

5. Dar Cuenta
   a. La iglesia - Por el contacto frecuente y dando cuenta regularmente del misionero a la agencia, la iglesia puede estar más segura que el misionero está manteniéndose fiel en el ministerio (en la doctrina, en la práctica, en las finanzas, etc.)
   b. El misionero - Por las experiencias de otros misioneros de la misma agencia, el misionero puede recibir recomendaciones de las iglesia que están sinceras y fieles, o aviso de aquellas que no son así

6. Gobierno
   a. La iglesia - Por la organización de la misión y sus contactos en los diferentes países, la iglesia y el misionero pueden tener la confianza del más rápido progreso de los documentos legales y la mejor protección si haya situaciones peligrosas para su misionero
   b. El misionero - Por las experiencias pasadas y contactos corrientes, el misionero puede recibir el consejo y la ayuda necesaria para recibir sus documentaciones, VISA, etc., que necesita para entrar al país y recibir información y ayuda en los lugares y tiempos peligrosos

Los Peligros de la Agencia Misionera

para la Iglesia y el Misionero

1. La agencia puede cambiar su doctrina y práctica y hacerlo difícil por el misionero fiel
2. La agencia puede fallar en sus responsabilices financieras e impedir los fondos a llegar al misionero correctamente
3. La agencia puede tratar de controlar el ministerio, los creyentes nacionales, y la propiedad (aun después que el misionero se vaya)
4. La agencia puede requerir demasiado de los fondos del misionero para manejar y mejorar la propiedad y miembros de ella

EL VIAJE DE ENCUESTA
NÚMEROS 13:17-20

Números 13:17-20
17 Los envió, pues, Moisés a reconocer la tierra de Canaán, diciéndoles:
Subid de aquí al Neguev, y subid al monte,
18 y observad la tierra cómo es,
y el pueblo que la habita, si es fuerte o débil, si poco o numeroso;
19 cómo es la tierra habitada, si es buena o mala;
y cómo son las ciudades habitadas, si son campamentos o plazas fortificadas;
20 y cómo es el terreno, si es fértil o estéril, si en él hay árboles o no;
y esforzaos, y tomad del fruto del país.
Y era el tiempo de las primeras uvas.

*El misionero futuro debe hacer la inversión de tiempo y dinero para visitar al país, pueblo, y gente a donde él está planeando servir para confirmar el llamado de Dios y prepararse adecuadamente. Su tiempo en el viaje debe ser mucho más que una vacación, sino una investigación honesta de la realidad de la vida y ministerio que tiene que tener para representar a Dios correctamente a aquellos que Dios está enviandole.

Hechos 16:9-10
9 Y se le mostró a Pablo una visión de noche:
un varón macedonio estaba en pie, rogándole y diciendo:
Pasa a Macedonia y ayúdanos.
10 Cuando vio la visión, en seguida procuramos partir para Macedonia,
dando por cierto que Dios nos llamaba para que les anunciásemos el evangelio.

*El Apostal Pablo tenía pocas oportunidades a visitar los pueblos en donde el estaba planeando a ministrar antes que él empezó su ministerio, pero Hechos 16:9-10 es un buen ejemplo de como Dios proveyó un milagro para informarle cuando él estaba falta del conocimiento. Los libros de Romanos, y I y II Corintios, son buen ejemplos de cómo Él comunicó con los otros creyentes antes de su visita para informarles de su visita y pedirles de poner todo en orden por su llegada. El misionero de hoy en día tiene muchas oportunidades de viajar y visitar personalmente, y por lo tanto no debe depender en su "sueño," ni en sus "sentamientos" para dirigirle en su ministerio, sino debe usar los recursos disponibles para confirmar y preparar para su vida y ministerio futuro.

*El misionero nuevo tiene que hacer preguntas sobre cada tema, y no depender en su conocimiento previo. Muchas vezas las circunstancias actuales son muy diferentes que las perspectivas de lejos. El bosquejo próximo no es exhaustivo, pero es un recurso para empezar el proceso.

**El misionero debe considerar su viaje de encuesta*
como su primer oportunidad de servir a la gente a quien Dios le está enviandole.
Él debe buscar oportunidades de ministrar a la gente que está visitando
mientras que ellos ministren a él por ayudarle
en su investigación de la voluntad de Dios para el futuro.

I. Las preparaciones para el viaje de encuesta
   A. El misionero debe tener la bendición de su iglesia y pastor enviador
   B. El misionero debe planear suficiente tiempo en el país para conocerlo y a su gente
   C. El misionero debe comunicarse con los misioneros en el país para conocerlos y sus ministerios
   D. El misionero debe ser preparado económicamente de visitar áreas claves a su ministerio futuro y hacer compras de representaciones del país y a la gente para presentarlas en su mesa de exhibición
   E. El misionero debe tener equipos de buen calidad para grabar fotografías y videos para incluir en su presentación multimedia

II. Las metas del viaje de encuesta
   A. Conocer la geografía
      1. Visitar el campo, las ciudades, los pueblos, los barrios
         a. Investigar la populación
         b. Investigar la seguridad de extranjeros
         c. Investigar las localidades para el ministerio
      2. Observar la transportación
         a. Investigar los tipos de transportación
         b. Investigar la transportación común
         c. Investigar el precio de la transportación

   3. Experimentar el clima
B. Conocer la vivienda
   1. Visitar los hogares de los nocionales y los misioneros
      a. Investigar las condiciones de las viviendas
      b. Investigar el precio promedio de las viviendas
   2. Observar las tiendas de compras y los precios
      a. Investigar las comidas y los suministros disponibles
      b. Investigar los precios promedios de las compras
   3. Experimenta la dieta común
      a. Experimentar las comidas culturales
      b. Experimentar las comidas comunes
C. Conocer la gente
   1. Visitar con los nacionales
      a. Investigar sus habilidades y necesidades
      b. Investigar sus filosofías de vivir y ministrar
   2. Observar la cultura de los nacionales
      a. Investigar el idioma local
      b. Investigar las religiones influenciales
      c. Investigar las preocupaciones y diversiones
      d. Investigar el sistema de valor
      e. Investigar las circunstancias diarias y comunes
      f. Investigar los días feriados
   3. Experimentar la hospitalidad y el compañerismo de los creyentes nacionales
D. Conocer el gobierno y los servicios públicos
   1. Visitar los edificios y las oficinas locales
      a. Investigar el lugar de las oficinas del gobierno local
      b. Investigar el lugar de las oficinas del embajada
      c. Investigar el lugar de los hospitales y médicos
      d. Investigar el lugar de las estaciones de la policía
   2. Observar el sistema de gobernar
      a. Investigar el poder y tipo de líderes locales
      b. Investigar el poder y tipo de policía
   3. Experimenta la documentación legal
      a. Experimentar e investigar la documentación necesaria
      b. Experimentar el uso del dinero local

E. Conocer los ministerios
*Recordar que las experiencias y los conocimientos actuales del misionero veterano representan la vida y el ministerio actual basado en sus situaciones especificas y que son de mucho valor, pero pueden también ser muy diferentes de las experiencias futuras suyas
1. Visitar al misionero en su ministerio y su casa
a. Investigar sobre los misioneros, las iglesias, las escuelas cristianas, etc., que están en el país y la ciudad
b. Investigar su filosofía de vivir y ministrar
c. Investigar su interés y habilidad de ayudarle en la transición
d. Hacer preguntas y recibir su consejo espiritual y práctico
2. Observar la interacción del misionero y las nacionales
a. Considerar su liderazgo
b. Considerar su servicio
c. Considerar su testimonio en público
d. Considerar la interacción de su familia
3. Experimentar el ministerio por participar en todas las áreas del ministerio que es posible

F. Conocer sus propias limitaciones y faltas
1. Reconocer las áreas de su vida espiritual en que tiene que crecer
2. Reconocer las áreas de su vida física que tiene que dejar
3. Reconocer las realidades de una vida y un ministerio actual con las habilidades y limitaciones de los nacionales

Lucas 14:28-33

El misionero tiene que usar su viaje como una oportunidad de reconocer el costo de servir a Dios en el campo misionero en las áreas de **economía, **salud**, **vivienda**, **familia**, etc. para que esté bien preparado para los sacrificios requeridos.*

Un Ministerio con Propósito
Una Filosofía del Ministerio

I Corintios 9:25-27
*25 Todo aquel que lucha, de todo se abstiene;
ellos, a la verdad, para recibir una corona corruptible,
pero nosotros, una incorruptible.
26 Así que, yo de esta manera corro, no como a la ventura;
de esta manera peleo, no como quien golpea el aire,
27 sino que golpeo mi cuerpo, y lo pongo en servidumbre,
no sea que habiendo sido heraldo para otros,
yo mismo venga a ser eliminado.*

I Corintios 10:31-33
*31 Si, pues, coméis o bebéis, o hacéis otra cosa,
hacedlo todo para la gloria de Dios.
32 No seáis tropiezo ni a judíos,
ni a gentiles,
ni a la iglesia de Dios;
33 como también yo en todas las cosas agrado a todos,
no procurando mi propio beneficio, sino el de muchos,
para que sean salvos.*

I. La vida con propósito
   A. Jesucristo - Él se centró en la obediencia con amor a la voluntad de su Padre (**Mateo 26:39, 42, Juan** 4:34, 5:30, **6:38, 14:31,** 17:1-26)
   B. Apóstol Pablo - Él se centró en conocer y obedecer con amor a Dios el Padre y Jesucristo (**II Corintios 5:14-17,** Filipenses 3:7-17, Gálatas 3:20, 6:14)

Mateo 22:36-38
36 Maestro, ¿cuál es el gran mandamiento en la ley?
37 Jesús le dijo:
Amarás al Señor tu Dios con todo tu corazón, y con toda tu alma,
y con toda tu mente.
38 Este es el primero y grande mandamiento.

Juan 14:15, 21
15 Si me amáis, guardad mis mandamientos.
21 El que tiene mis mandamientos, y los guarda, ése es el que me ama;
y el que me ama, será amado por mi Padre,
y yo le amaré, y me manifestaré a él.
(Mateo 10;37-39, I Juan 2:4-6, 15-17, 5:1-5, II Juan 1:6)

¿Cuál es el propósito de Dios para su vida (con versículos)?
El propósito de Dios para mi vida es ____
____
____
____

Eclesiastés 12:13-14
13 El fin de todo el discurso oído es este:
Teme a Dios, y guarda sus mandamientos;
porque esto es el todo del hombre.
14 Porque Dios traerá toda obra a juicio,
juntamente con toda cosa encubierta,
sea buena o sea mala.

II. El ministerio con propósito
   A. Jesucristo - Él se centró en ministrar a otros con amor, dando Su vida para salvar a los perdidos, y ayudando a los salvados a conocer a Dios el Padre mejor (**Mateo** 1:21, **18:11, 20:28, Juan 17:6-8**)
   B. Apóstol Pablo - Él se centró en ministrar a otros para que pudieran disfrutar la nueva vida que se encontraron la salvación y la obediencia a Dios Padre (Romanos 9:1-3, 10:1, **I Corintios 9:16-23,** 10:31-33, **II Corintios 4:1-5, 12:15**)

Mateo 22:36, 39-40

36 Maestro, ¿cuál es el gran mandamiento en la ley?
39 Y el segundo es semejante:
Amarás a tu prójimo como a ti mismo.
40 De estos dos mandamientos depende toda la ley y los profetas.

Juan 15:10-13, 17

10 Si guardareis mis mandamientos, permaneceréis en mi amor;
así como yo he guardado los mandamientos de mi Padre,
y permanezco en su amor.
11 Estas cosas os he hablado,
para que mi gozo esté en vosotros, y vuestro gozo sea cumplido.
12 Este es mi mandamiento:
Que os améis unos a otros, como yo os he amado.
13 Nadie tiene mayor amor que este,
que uno ponga su vida por sus amigos.
17 Esto os mando: Que os améis unos a otros.
(Mateo 20:25-28, Juan 13:3-17, I Juan 2:7-11, 3:14-19, 4:7-5:3)

¿Cuál es el propósito de Dios para su ministerio (con versículos)?
El propósito de Dios para mi ministerio es ______________________________
____
____
____

Lucas 17:7-10

7 ¿Quién de vosotros, teniendo un siervo que ara o apacienta ganado,
al volver él del campo, luego le dice: Pasa, siéntate a la mesa?
8 ¿No le dice más bien:
Prepárame la cena, cíñete,
y sírveme hasta que haya comido y bebido;
y después de esto, come y bebe tú?
9 ¿Acaso da gracias al siervo porque hizo lo que se le había mandado?
Pienso que no.
10 Así también vosotros, cuando hayáis hecho todo lo que os ha sido ordenado,
decid: Siervos inútiles somos, pues lo que debíamos hacer, hicimos.

III. El ministerio de diputación (viajar) con propósito
   A. Jesucristo - Él se centro en satisfacer las necesidades espirituales y físicas de los quien Él encontró durante sus viajes (Mateo 4:23-25, **9:35-38,** 15:29-39)
   B. Apóstol Pablo - Él se centro en satisfacer las necesidades espirituales y físicas de los que él visitaba, mientras que compartir su carga para los demás que estaban en necesidad (**Hechos** 11:28-30, **13:1-4,** 15:40-41, **20:17-35,** I Corintios 16:1-4, II Corintios 9:1-15, Filipenses 4:14-20)

I Pedro 4:10-11
10 Cada uno según el don que ha recibido,
minístrelo a los otros,
como buenos administradores de la multiforme gracia de Dios.
11 Si alguno habla, hable conforme a las palabras de Dios;
si alguno ministra, ministre conforme al poder que Dios da,
para que en todo sea Dios glorificado por Jesucristo,
a quien pertenecen la gloria y el imperio por los siglos de los siglos. Amén.

I Juan 3:16-19
16 En esto hemos conocido el amor, en que él puso su vida por nosotros;
también nosotros debemos poner nuestras vidas por los hermanos.
17 Pero el que tiene bienes de este mundo y ve a su hermano tener necesidad,
y cierra contra él su corazón, ¿cómo mora el amor de Dios en él?
18 Hijitos míos, no amemos de palabra ni de lengua,
sino de hecho y en verdad.
19 Y en esto conocemos que somos de la verdad,
y aseguraremos nuestros corazones delante de él;
(Mateo 10:42, Lucus 17:7-10)

¿Cuál es el propósito de Dios para su ministerio de diputación (con versículos)?
El propósito de Dios para mi ministerio de diputación es ______________________
____
____
____

IV. Una familia en el ministerio con propósito
   A. Abraham - Incluyó a toda su familia (Sara, Lot, servidores) en su obediencia, dejó a su familia y país para obedecer la voluntad de Dios para su vida (Génesis 12:1-5). También incluyó Isaac en sus viajes y preparación para sacrificar a Dios en el monte (Génesis 27:1-13).
   B. Aquila - Incluyó a su esposa, Priscila, en su ministerio con Pablo, y mientras viajaban juntos, sirvieron juntos, y proporcionan instrucción espiritual juntos a Apolos (Hechos 18:2, 18, 26)

Génesis 18:18-19

18 habiendo de ser Abraham una nación grande y fuerte,
y habiendo de ser benditas en él todas las naciones de la tierra?
19 Porque yo sé que mandará a sus hijos y a su casa después de sí,
que guarden el camino de Jehová, haciendo justicia y juicio,
para que haga venir Jehová sobre Abraham lo que ha hablado acerca de él.

Josué 24:15

15 Y si mal os parece servir a Jehová, escogeos hoy a quién sirváis;
si a los dioses a quienes sirvieron vuestros padres,
cuando estuvieron al otro lado del río,
o a los dioses de los amorreos en cuya tierra habitáis;
pero yo y mi casa serviremos a Jehová.

La familia del misionero debe ser visto como una extensión del llamado de Dios en su vida (I Timoteo 3:2, 4-5, Tito 1:6). Se debe reconocer que la familia es un gran ayuda para su ministerio, y que a través de su fidelidad a Dios, él tiene la responsabilidad y privilegio de dirigir cuidadosamente cada miembro de la familia para servir a su lado. El misionero no debe limitarse a exigir que su familia sea "buenos cristianos" y "ayuda" el llamado de Dios en su vida; sino más bien, debe enseñarlos a través de la Palabra de Dios y su ejemplo a elegir a servir con amor a Dios y a los que les rodean. No debe decir "en cuanto a mí, voy a servir al Señor, y arrastra a mi familia conmigo," sino más bien, "***pero yo y mi casa serviremos a Jehová***" (Josué 24:15).

Sin embargo, el misionero debe reconocer también que su familia traerá ciertas limitaciones en su ministerio. Estas limitaciones no deben ser despreciadas, ni deben producir la discordia entre la familia. Más bien, deben ser aceptadas como el plan perfecto de Dios y el marido debe esforzarse por amor a "***agradar a su mujer,***" y la esposa debe esforzarse por amor a "***agradar a su marido***" a medida que trabajan juntos en el ministerio, al igual que Aquila y Priscila (I Corintos 7:33-34, Hechos 18:2, 18, 26, Romanos 16:3, I Corintios 16:19, II Timoteo 4:19). Mientras que los cónyuges aman al Señor, y el uno al otro, deben trabajar juntos para llevar a sus hijos "***en disciplina y amonestación del Señor***" (Efesios 6:4).

En verdad, ningún miembro de la familia en una casa misionera es una "víctima" de la mala suerte o la falta de amor de Dios. Por el contrario, todos y cada uno es elegido específicamente por Dios para compartir el mismo atributo de "los pies hermosos," ya que "***anuncian la paz, de los que anuncian buenas nuevas***" a aquellos en necesitad (Romanos 10:15).

¿Cuál es el propósito de Dios para su familia (con versículos)?

El propósito de Dios para mi como marido es ______________________________

____

____

____

El propósito de Dios para mi como mujer es ______________________________

____

____

____

El propósito de Dios para mi familia es ______________________________

____

____

____

Llegar al Objetivo del Ministerio

"Si apuntas a nada, es seguro que va a llegar."
y
"Si no tiene ningún objetivo,
no se sabe cuando se ha logrado."
pero
"Si apuntas al objetivo equivocado, siempre tendrá éxito al fracaso."

El objetivo del misionero en la diputación tiene que ser lo de servir con amor a Dios por servir con amor a Su gente. Nunca debe ser visto como una oportunidad para obtener beneficios personales o ministeriales, sino más bien, por la oportunidad de permitir que "***el amor de Cristo***" contraer (limitar y controlar) al misionero para servir las necesidades de los demás (II Corintios 5:14). El ministro de Dios tiene que ser impulsado por un amor puro para Dios que siempre coloca la gloria Dios antes de su propia. Se debe decir como Juan el Bautista, "***Es necesario que él crezca, pero que yo mengüe***" (Juan 3:30), y que siempre debe "***estimando cada uno a los demás como superiores a él mismo; no mirando cada uno por lo suyo propio, sino cada cual también por lo de los otros***" (Filipenses 2:3-4).

Un misionero también tiene que ser impulsado por el amor a los demás. Debe amar a su prójimo como a sí mismo (Mateo 22:39). Tiene que reconocer que su vecino es cada persona que Dios pone en su vida, y tiene que tratar a agradar "***a su prójimo en lo que es bueno, para edificación***" (Romanos 15: 2-3). Por lo tanto, no debe descuidar a servir con amor a su propio paisano, mientras que se prepare para servir a los de otro país.

Aunque el presupuesto de un misionero puede convertirse en una distracción del objetivo adecuado, el misionero debe ser comprometido continuamente a obedecer el mandato de Jesús a "***no os preocupéis por lo que habéis de comer, ni por lo que habéis de beber, ni estéis en ansiosa inquietud. Porque todas estas cosas buscan las gentes del mundo; pero vuestro Padre sabe que tenéis necesidad de estas cosas. Mas buscad el reino de Dios, y todas estas cosas os serán añadidas. No temáis, manada pequeña, porque a vuestro Padre le ha placido daros el reino. Vended lo que poseéis, y dad limosna; haceos bolsas que no se envejezcan, tesoro en los cielos que no se agote, donde ladrón no llega, ni polilla destruye. Porque donde está vuestro tesoro, allí estará también vuestro corazón***" (Lucas 12:29-34). Dios proveerá para cada necesidad en Su tiempo perfecto. Jesucristo promete que "***vuestro Padre sabe de qué cosas tenéis necesidad, antes que vosotros le pidáis***" (Mateo 6:8). Por lo tanto, el misionero debe invertir fielmente en las vidas de otros para la Gloria de Dios, con los pocos "***talentos***" (finanzas y habilidades) que Dios ha confiado a él para que pudiera escuchar "***Bien, buen siervo y fiel; sobre poco has sido fiel, sobre mucho te pondré; entra en el gozo de tu señor***" (Mateo 25:20-30).

Mientras que el misionero reconozca que los objetivos principales de su ministerio diputación es amar y servir a Dios y a los demás, va a disfrutar la libertad de la carga de las expectativas de sí mismo y de los demás. No debe ser distraído por sus necesidades de presupuesto mensuales ni la cantidad de apoyo en oración. Más bien, se prestará atención más fácilmente la advertencia de Dios que se encuentra en Santiago 4:13-17, "***¡Vamos ahora! los que decís: Hoy y mañana iremos a tal ciudad, y estaremos allá un año, y traficaremos, y ganaremos; cuando no sabéis lo que será mañana. Porque ¿qué es vuestra vida? Ciertamente es neblina que se aparece por un poco de tiempo, y luego se desvanece. En lugar de lo cual deberíais decir: Si el Señor quiere, viviremos y haremos esto o aquello. Pero ahora os jactáis en vuestras soberbias. Toda jactancia semejante es mala; y al que sabe hacer lo bueno, y no lo hace, le es pecado.***" De este modo, desarrollará su dependencia de Dios para todas las cosas del mismo modo que tendrá que hacer mientras que sirva en el campo misionero en los próximos años.

Las demoras y las desilusiones son parte de la vida y el ministerio. Sin embargo, cada uno de ellas puede ser usada por Dios para dirigir a Su siervo al lugar y a la gente que tiene para él. El apóstol Pablo experimentó tales demoras y desilusiones en su ministerio. En I Tesalonicenses 2:18 Pablo dice a los creyentes,"***por lo cual quisimos ir a vosotros, yo Pablo ciertamente una y otra vez; pero Satanás nos estorbó.***" y en Romanos 1:13 él dijo, "***Pero no quiero, hermanos, que ignoréis que muchas veces me he propuesto ir a vosotros (pero hasta ahora he sido estorbado), para tener también entre vosotros algún fruto, como entre los demás gentiles.***" Seguido por Romanos 15:22-24 que dice, "***Por esta causa me he visto impedido muchas veces de ir a vosotros. Pero ahora, no teniendo más campo en estas regiones, y deseando desde hace muchos años ir a vosotros, cuando vaya a España, iré a vosotros; porque espero veros al pasar, y ser encaminado allá por vosotros, una vez que haya gozado con vosotros.***" En Hechos 16: 6-9, mientras que Pablo y Silas estaban viajando en un viaje misionero, la Biblia dice, "***Y atravesando Frigia y la provincia de Galacia, les fue prohibido por el Espíritu Santo hablar la palabra en Asia; y cuando llegaron a Misia, intentaron ir a Bitinia, pero el Espíritu no se lo permitió.***" Con estos retrasos, ellos "***descendieron a Troas,***" lo cual les colocaba en una ciudad portuaria a viajar a Macedonia después que Pablo recibió "***una visión de noche: un varón macedonio estaba en pie, rogándole y diciendo: Pasa a Macedonia y ayúdanos. Cuando vio la visión, en seguida procuramos partir para Macedonia, dando por cierto que Dios nos llamaba para que les anunciásemos el evangelio***" (Hechos 16:8-10). Lo que Pablo entendió como retrasos y desilusiones, Dios había perfectamente orquestado para colocarlo en el lugar correcto, en el momento correcto, para que pudiera llegar a aquellos en necesitad. De la misma manera, el misionero debe confiar en Dios con el resultado de su servicio de amor a Dios y a los demás.

Mateo 6:20-21

20 sino haceos tesoros en el cielo,
donde ni la polilla ni el orín corrompen,
y donde ladrones no minan ni hurtan.
21 Porque donde esté vuestro tesoro,
allí estará también vuestro corazón.

El verdadero éxito del ministerio diputación de un misionero
no se encuentra en la velocidad y la cantidad
de tesoros que ha reunido en la tierra,
sino más bien, la pureza de los tesoros eternos
que ha reunido en el cielo para su Padre Celestial.

I Corintios 15:58

58 Así que, hermanos míos amados, estad firmes y constantes,
creciendo en la obra del Señor siempre,
sabiendo que vuestro trabajo en el Señor no es en vano.

Las Prácticas del Ministerio de Diputación

¿Cómo puede lograr los objetivos de su ministerio con aquellos que se encuentra para que tenga un ministerio de propósito?

1. Pastores ______________________________

2. Creyentes ______________________________

3. Incrédulos ______________________________

4. Misioneros ______________________________

5. Familia ____
____
____
____
____
____

I Corintios 4:1-2, 5
1 Así, pues, ténganos los hombres por servidores de Cristo,
y administradores de los misterios de Dios.
2 Ahora bien, se requiere de los administradores,
que cada uno sea hallado fiel.
5 Así que, no juzguéis nada antes de tiempo, hasta que venga el Señor,
el cual aclarará también lo oculto de las tinieblas,
y manifestará las intenciones de los corazones;
y entonces cada uno recibirá su alabanza de Dios.

A medida que las esperanzas y los sueños se retrasan o se destruyen,
recordar su propósito, el objetivo de su vida y ministerio,
y al hacerlo así, encontrar la seguridad necesaria para que ningún hombre,
circunstancia o lugar pueden causarse a fallar,
cuando usted es fiel!

I Pedro 5:6-7
6 Humillaos, pues, bajo la poderosa mano de Dios,
para que él os exalte cuando fuere tiempo;
7 echando toda vuestra ansiedad sobre él,
porque él tiene cuidado de vosotros.

Ser humilde delante de Dios,
y espere, espere, espere
por su tiempo de la cosecha!

Lucas 9:62

62 Y Jesús le dijo:
Ninguno que poniendo su mano en el arado mira hacia atrás,
es apto para el reino de Dios.

Gálatas 6:7, 9

7 No os engañéis; Dios no puede ser burlado:
pues todo lo que el hombre sembrare, eso también segará.
9 No nos cansemos, pues, de hacer bien;
porque a su tiempo segaremos, si no desmayamos.

El Presupuesto
Lucas 14:28-33

Lucas 14:28-33
28 Porque ¿quién de vosotros, queriendo edificar una torre, no se sienta primero y calcula los gastos, a ver si tiene lo que necesita para acabarla?
29 No sea que después que haya puesto el cimiento, y no pueda acabarla, todos los que lo vean comiencen a hacer burla de él,
30 diciendo: Este hombre comenzó a edificar, y no pudo acabar.
31 ¿O qué rey, al marchar a la guerra contra otro rey, no se sienta primero y considera si puede hacer frente con diez mil al que viene contra él con veinte mil?
32 Y si no puede, cuando el otro está todavía lejos, le envía una embajada y le pide condiciones de paz.
33 Así, pues, cualquiera de vosotros que no renuncia a todo lo que posee, no puede ser mi discípulo.

**Es importante que reconozca que cada agencia misionera tiene sus propias normas y ayudas en cuanto al establimiento del presupuesto del misionero. Sin embargo, el misionero tiene que ser preparado adecuadamente para llegar y quedar en el campo misionero con los fondos suficientes para vivir y ministrar. Cada misionero tiene que investigar y calcular bien los precios actuales de vivir y servir a Dios en su campo misionero, y buscar la fortaleza física y espiritual mientras que busque la provisión económica.*

I. El presupuesto durante la diputación
   A. Salarios
      1. Comidas
      2. Ropa (para cada ocasión)
      3. Seguro Médico
      4. Cuido médico y cosmético
      5. Diezmo y ofrendas
      6. Celular, etc.
      7. Transportación

8. Impuestos
9. ______________________
10. ______________________

B. Vivienda
1. Casa/Apartamento
2. Luz
3. Agua
4. Teléfono, Internet, etc.
5. Mantenimiento
6. ______________________
7. ______________________

C. Ministerio
1. Viajes
a. Vehiculo
b. Comida en camino
c. Hotel
d. Gasolina
2. Presentaciones
a. Proyector/Computadora
b. Tarjetas de oración
c. Presentación de mesa
3. Comunicaciones
a. Cartas de oración
b. Cartas a los pastores y las iglesias
c. Teléfono (sin limitaciones)
4. ______________________
5. ______________________

II. El presupuesto para llegar al campo misionero
A. Los documentos legales (visa, etc.)
B. La transportación
1. Boleta de avión
2. Transportación en el país (temporánea y permanente)
C. La transportación en el país
D. El envío (bienes personales y suministros ministerios)

E. Los gastos iniciales para alquilar o comprar una casa (temporánea y permanente)
   1. Depósito
   2. Luz
   3. Agua
   4. ______________________
   5. ______________________
F. Las compras para establecer el hogar
   1. Comida
   2. Muebles
   3. Pintura
   4. ______________________
   5. ______________________
G. Los gastos iniciales para establecer el ministerio
   1. Edificio (Depósito, luz, agua, etc.)
   2. Sillas y mesas
   3. Biblias
   4. Himnarios
   5. Tratados
   6. Estudios de discipulado
   7. Currículo espiritual (para adultos, jóvenes, y niños)
   8. Utensilios ministeriales
      a. Platos para la ofrenda
      b. Platos y vasos para la Cena del Señor
   9. ______________________
   10. ______________________
H. ______________________
I. ______________________

III. El presupuesto en el campo misionero
*Es de suma importancia que calcula todos los gastos con los precios del país y la ciudad donde va a vivir y ministrar.
*Es de suma importancia que calcula el cambio del dinero de un país al otro.
A. Salarios
   1. Comidas
   2. Ropa (por cada ocasión)
   3. Seguro Médico

4. Cuido médico y cosmético
5. Diezmo y ofrendas
6. Celular, etc.
7. Transportación
8. Impuestos
9. ____________________
10. ____________________

B. Vivienda
1. Casa/Apartamento
2. Luz
3. Agua
4. Teléfono, Internet, etc.
5. Mantenimiento
6. Muebles
7. ____________________
8. ____________________

C. Ministerio
1. Lugar para la iglesia
   a. Alquila
   b. Luz
   c. Agua
   d. Mantenimiento
   e. ____________________
   f. ____________________
2. Literatura cristiana
   a. Biblias
   b. Himnarios
   c. Tratados
   d. Estudios bíblicos
   e. Lecciones para los niños y jóvenes
   f. ____________________
   g. ____________________
3. Ahorro para empezar el furlough (dar cuenta a las iglesias)
4. ____________________
5. ____________________

*La fecha de la salida para ir al campo misionero no debe ser establecida hasta que Dios haya previsto todo lo necesario según los presupuestos. El misionero tiene que tener fe que el tiempo de la provisión de Dios es también el tiempo para empezar su nuevo ministerio, y no antes. El misionero nunca debe usar "fe" como una excusa de ser impaciente para empezar su ministerio aunque está falta de lo que él estableció necesario por oración y consejo previo. Si el misionero no espera hasta que tenga lo necesario para vivir y ministrar, él no va a ser efectivo en su ministerio, ni capaz de quedarse en el campo misionero para realizar el ministerio.

Presupuesto Mensual

Gasto	Presupuesto	Actuales
Habitación	$	$
Teléfono, Red, Cable	$	$
Electricidad	$	$
Agua	$	$
Muebles	$	$
Seguro	$	$
Mantenimiento	$	$
Limpieza	$	$
	$	$
	$	$
Total de Vivienda	$	$

Gasto	Presupuesto	Actuales
Comida	$	$
Ropa	$	$
Diezmo	$	$
Impuestos	$	$
Seguro/Cuido Medico	$	$
Celular	$	$
Niños	$	$
Educación	$	$
Vehiculo	$	$
	$	$
	$	$
Total de Salario	$	$

Gastos Adicionales

Gasto	Presupuesto	Actuales
Retiro	$	$
Seguro de Vida	$	$
	$	$
Total de Inversión	$	$

Gasto	Presupuesto	Actuales
Ministerio Reembolso	$	$
Agencia Misionero	$	$
Ahorrar de Viajar	$	$
	$	$
	$	$
Total de Ministerio	$	$

Resumen del Presupuesto

Gasto	Presupuesto	Actuales
Vivienda	$	$
Salario	$	$
Inversión	$	$
Ministerio	$	$
Presupuesto Mensual	$	$

EL SOSTÉN MISIONERO POR EL EJEMPLO DE PABLO

✎Hechos 18:1-3

*Pablo era un fabricante de tiendas y utilizó su trabajo para evangelizar.

✎Hechos 20:33-36 (labor personal)

- El tiempo de escribir
  - Mientras que estaba en su *tercer viaje* misionero (en camino a Jerusalén)
- El lugar del labor
  - Efeso
- El tiempo del labor
  - Hechos 18:19-21- (?) Su *segundo viaje* misionero y primera visita con ellos cuando Aquila y Priscila estaban con él
    *Eran todos hacedores de tiendas
  - Hechos 18:24-20:2 - (?) Su *tercer viaje* misionero cuando pasaba muchos años con ellos
    *I Corintios 4:11-12 - Muy probablemente esta visita es el uno en referencia, porque dijo que estaba ministrando a ellos "***por tres años***"
- La razón del labor
  - "***Ni plata ni oro ni vestido de nadie he codiciado.***"
  - "***Para lo que me ha sido necesario a mí y a los que están conmigo***"
  - "***En todo os he enseñado que, trabajando así, ...***"
- La manera del labor
  - Con sus propias manos
- La instrucción sobre el labor
  - "***Se debe ayudar a los necesitados***"
  - "***Más bienaventurado es dar que recibir.***"

✎I Corintios 4:11-12 (labor personal)

- El tiempo de escribir
  - Mientras que estaba en su *tercer viaje* misionero (en camino para visitarlos)
- El lugar del labor
  - Corinto

- El tiempo del labor
  - En el presente

✎I Corintios 9:6 (6-18) (labor personal)

- El tiempo de escribir
  - Mientras que estaba en su *tercer viaje* misionero (en camino para visitarlos)
    *Como parte de su defensa de su ministerio
    *Hechos 18:1-3 - Pablo trabajaba como hacedor de las tiendas
- El lugar del labor
  - Corinto
- El tiempo del labor
  - Una referencia de cuando él estaba ministrando a ellos en su *segundo viaje* misionero
- La razón por el labor
  - "***Por no poner ningún obstáculo al evangelio de Cristo.***"
- La manera del labor
  - Con sus propias manos
- La instrucción sobre la justicia de sostener al ministro del Evangelio
  - El ministro de Dios merece sostén para su servicio en el ministerio

✎II Corintios 11:8-9 (apoyo recibido)

- El tiempo de escribir
  - Mientras que estaba en su *tercer viaje* misionero (en camino para visitarlos)
- El lugar del apoyo
  - Corinto
- El tiempo del apoyo
  - Su tiempo con ellos en su segundo viaje misionero
- La fuente del apoyo
  *Hechos 18:1-3 - Pablo trabajaba como hacedor de las tiendas
  - Otras iglesia
  - Los creyentes en Macedonia

- La instrucción sobre el apoyo
  - *"He despojado a otras iglesias, recibiendo salario para serviros a vosotros."*
  - *"A ninguno fui carga, pues lo que me faltaba, lo suplieron los hermanos que vinieron de Macedonia, y en todo me guardé y me guardaré de seros gravoso."*

✎Filipenses 4:14-20 (apoyo recibido)

- El tiempo de escribir
  - Cuando estaba en *Roma* (en el fin de su ministerio)
- El lugar del apoyo
  - Tesalónica
  - Otros lugares
- El tiempo del apoyo
  - (?) Durante su *segundo viaje* misionero
    - Su ministerio después que estaba en Macedonia y mientras que estaba en Tesalónica
      *No hay ninguna visita a Tesalónica mencionada en su tercer viaje misionero
  - Durante su situación al *presente* en Roma (por Epafrodito)
- La manera del apoyo
  - Los creyentes de Filipos le enviaron el apoyo a él
- La frecuencia del apoyo
  - *"una y otra vez"*
- La instrucción sobre el apoyo
  - Dios lo recibe como un sacrificio agradable
  - Dios suplirá sus necesidades

✎I Tesalonicenses 2:9 (labor personal)

- El tiempo de escribir
  - Mientras que estaba en su *segundo viaje* misionero ministrando en Corintio después que visitó a Tesalónica
- El lugar del labor
  - Tesalónica
- El tiempo del labor
  - Su *segunda visita* al pueblo para ministrar a los creyentes

- La razón por el labor
    - "***Para no ser gravosos a ninguno de vosotros,***"
- La manera del labor
    - Día y noche

✎II Tesalonicenses 3:8-10 (labor personal)

- El tiempo de escribir
    - Mientras que estaba en su *segundo viaje* misionero ministrando en Corintio después que visitó a Tesalónica
- El lugar del labor
    - Tesalónica
- El tiempo del labor
    - Su *segunda visita* al pueblo para ministrar a los creyentes
- La razón por el labor
    - "***Para no ser gravosos a ninguno de vosotros;***"
    - "***Por daros nosotros mismos un ejemplo para que nos imitaseis.***"
- La manera del labor
    - Día y noche

Las Preparaciones para la Diputación

I. Las tarjetas de oración
   A. Las tarjetas de oración siempre deben ser profesional y duradera
      *Al menos de uno de los lados debe ser en color
   B. Las tarjetas de oración deben ser de tamaño para captivar la atención (4x6 o marcador) y tener suficiente espacio para poner toda la información necesaria del ministerio
      *Las tarjetas tamaños pequeños (3.5x2, tamaño de la tarjeta de negocio) pueden ser una gran ayuda para aquellos que tienen diferentes maneras de recordar y orar por los misioneros
   C. Las tarjetas de oración deben tener fotografías, imágenes, e información que realmente representan el país de servicio y el tipo de ministerio que cumplirá
   D. Las tarjetas de oración deben incluir:
      1. El apellido
      2. Los nombres de cada miembro de la familia
         *Las edades y los cumpleaños son útiles
      3. Una foto reciente de la familia
         *La ropa para los cultos domingo por la mañana es la mejor por el foto de diputación
      4. Un versículo temático
      5. Las fotos de los nacionales
      6. Las fotos del país
         *Revise las fotos para asegurarse que representan el país en verdad
         a. El paisaje
         b. La bandera
         c. Un mapa
      7. La información de contacto
         *Del misionero, de la iglesia enviadora, de la agencia misionera
         a. Los números de teléfono
         b. La dirección de correo
         c. La dirección de correo electrónico
         d. La pagina de internet

II. La mesa de exhibición
*Sea preparado para responder inteligentemente a todas las preguntas sobre cualquier de los elementos en la exhibición.
A. La exhibición visual y chucherías de la mesa deben ser fáciles de transportar así como resistente
*Sea preparado para montar la exhibición en las mesas de todos los tamaños
*Debido a la cantidad de transporte, debe utilizar una maleta con ruedas robusta para empacar y transportar todas las chucherías con facilidad y seguridad
B. La mesa de exhibición debe claramente presentar:
1. La familia (nombre, foto, etc.)
2. El país de servicio (un mapa, una bandera, y algunas verdades simples)
3. El propósito del ministerio (plantación de iglesias, enseñanza en una escuela, etc.)
4. Las personas a quien va a ministrar (representados en las fotos)
*Marcos de fotos digitales han sido bien recibidos, y en muchos aspectos, reemplazado el álbum de fotos.
C. Toda la impresión hecha por exhibición debe ser suficientemente grande para que cualquier persona pueda leer; sino que también debe ser suficientemente concisa para no ocupar demasiado tiempo en la lectura
*Siempre es útil tener colores temáticos y brillantes, fondos atractivos, y formatos de impresión
D. Las chucherías deben incluir pequeñas representaciones de la cultura y la gente del país
*Siempre es útil para proporcionar la oportunidad para que los niños puedan tocar y jugar con algunos objetos
E. Es importante proporcionar un montón de tarjetas de oración en una exhibición ordenada
F. Cuando permitido por el pastor, utilice una pequeña hoja de inscripción para las cartas de oración para levantar apoyo en oración para el futuro
*Un rotafolio de tarjeta de 3x5 funciona bien o un clipboard

G. Cuando posible, presente una Biblia, folletos, etc., en el lenguaje de país para que las personas interesadas puedan ver y comparar la diferencia de idioma
*Tenga en cuenta que con el material que usted elige para colocar en su exhibición está revelando su posición doctrinal y afiliaciones
*Tenga copias adicionales de cualquier material en su exhibición porque hay veces que la gente toma las cosas de la mesa sin darse cuenta de que no son para distribución

III. La presentación multimedia
A. La presentación debe ser de 8 a 12 minutos de duración
B. La presentación debe ser totalmente narrado e incluir música de fondo apropiado
*La música que elige va a revelar su posición de separación personal y del ministerio
*Los toques personales se pueden agregar mediante el uso de varios miembros de la familia diferentes como parte de la narración, pero esto sólo debe hacerse cuando el profesionalismo no está en peligro
*Obtenga el permiso necesario para utilizar la música para que los derechos de autor no se violen
C. Aunque se pueden producir limitaciones, cuando posible, cada foto debe ser ya tomada por o incluir el misionero de modo que no hay distorsión de la foto y el mensaje que está transmitiendo
D. La presentación debe indicar con claridad:
*Cuanta más información proporcionada, se le pedirá a los menos preguntas o necesita aclaración en tiempos de preguntas y respuestas
*Santiago 4:13-16
1. Una introducción de la familia misionera
2. La dirección del Señor en el testimonio personal y en la preparación para el ministerio futuro
3. El país de servicio (algunos pequeños detalles sobre el país, la cultura, el idioma, la religión, etc.)
4. Las personas que serán el foco del ministerio

5. Algunas formas breves en los que la ayuda de los creyentes que miran pueden estar involucrados en este ministerio en particular (oración, ayuda física, etc.)
   *También, es muy importante a proporcionar un reto para los creyentes a servir a Dios en su ministerio presente, así como dondequiera que Dios les enviará en el futuro
6. La iglesia enviadora y la agencia misionera

E. Tener todo el equipo necesario a la mano para llevar a cabo la presentación
   *Con la excepción de una pantalla
   *Es importante que verifique con el pastor el equipo que tiene y lo que necesita antes que llegue a la iglesia
   1. Proyector
   2. Computadora/Tocador de DVD/USB
   3. Cables de adaptador para el sonido
   4. Cable de extensión para poder
   5. Bocinas pequeñas

F. La presentación debe ser en los formatos fácilmente adaptables para que la iglesia que tiene su propio equipo pueda usar su sistema para presentarla sin muchas dificultades (USB, DVD, etc.)
   *Si una iglesia tiene su propio proyector, etc., siempre es mejor usar su equipo, ya que ha sido comprado por sus condiciones de iluminación y sonido, y la gente está acostumbrada a la calidad de su equipo

IV. La portafolio de introducción

A. Cada misionero debe preparar algún tipo de carta de presentación y folleto que puede ser enviada a cada pastor
   *Usted debe considerar el precio de portafolio en la impresión y envío por correo como una inversión y no una pérdida, porque se puede recuperar fácilmente el costo de cada paquete cuando las reuniones con las iglesias levanten el apoyo
   *El contenido del portafolio debe ser breve, pero completo, porque la más información que el pastor tiene sobre el misionero, su familia, y ministerio, el menor número de preguntas que el misionero tendrá que responder y aclarar por teléfono
   *La carta debe ser tan profesional como sea posible en la gramática, el diseño, la impresión, etc.

*El portafolio debe ser revisado por el pastor de la iglesia enviadora y cualesquiera otros que podrían ser capaces de proporcionar claridad para asegúrarse de que usted no está solo presentando la información correctamente, sino también que se está comunicando su corazón correctamente

*El portafolio debe ser distinguible por el uso de un color específico de la carpeta, diseño, o una etiqueta en la parte delantera para ayudar al pastor recordar su portafolio cuando comunique con él

B. Es mejor enviar por correo un pequeño portafolio de información al pastor por lo menos dos semanas antes de llamar para pedir una reunión

*Si el pastor ha recibido el portafolio de información, es mucho más fácil para el misionero a presentar su familia y ministerio, porque la mayor parte de la información que ya ha estado en manos del pastor, y por enviarlo muestra el debido respeto por el tiempo limitado del pastor, y demuestra que el deseo para representar el ministerio del Señor de la mejor manera posible

*Tenga copias digitales de la información del portafolio disponible para enviarlas por correo electrónico a cualquier pastores que gustaría tener copias computarizadas

*A pesar de que muchas iglesias disfrutan la facilidad de datos digitales de sus misioneros, ni una página internet, ni de comunicación digital, pueden sustituir a los beneficios de una buena primera impresión de un portafolio profesional, y el pastor puede revisar fácilmente a su conveniencia y luego investigar más a fondo a través de recursos presentados

C. Lo siguiente debe estar dentro del portafolio:
1. Una carta de introducción al pastor
2. Una tarjeta de oración
3. Una explicación de los testimonios de salvación personal
4. Una explicación del llamado de Dios al ministerio
5. Una explicación de experiencia en el ministerio
6. Una explicación del ministerio que desee en el campo del servicio y la dirección de Dios para ir al ministerio
7. Una declaración de propósito para el ministerio que está presentando
8. Una carta del pastor enviador
9. Una copia de una carta de oración reciente

10. Una tarjeta postal con sello (opcional, pero útil para guardar el dinero y el tiempo misionero para las llamadas telefónicas de seguimiento)
11. Una presentación multimedia (por DVD o Youtube)
*Únicamente cuando sea posible, no es necesario

D. Tenga una declaración doctrinal bien escrita disponible para enviar a cualquier pastor a petición suya

V. La carta de oración

A. La carta de oración debe ser enviada regularmente (cada 2 o 3 meses)
*El uso del correo electrónico puede ayudar a ahorrar un poco de dinero en sellos
*Las iglesias locales siempre deben recibir una copia física de modo que pueda ser publicada públicamente
*Blogging y sobrescribir (escrito con demasiado frecuencia) puede convertirse en una carga para el misionero en el futuro y los receptores. Si un misionero va a iniciar este estilo de comunicación, él o ella debe estar seguro de que él o ella pueda continuar con él.

B. La carta de oración debe ser lo más profesional y atractivo posible

C. La carta de oración debe ser presentada en un membrete recordable
1. Una foto de la familia
2. Las direcciones de contacto para el misionero, la iglesia enviadora, y la agencia misionera
3. Un símbolo o una imagen que representa el país del servicio (bandera, mapa, etc.)

D. La carta de oración no debe ser poca profunda en su contenido
*La carta debe proporcionar información sobre la situación actual en el ministerio, noticias familiares, peticiones de oración, y alabanzas de cómo Dios ha respondido a las peticiones de oración anteriores
*Una carta de oración puede presentar necesidades, pero nunca debe ser un "aviso de solicitud"

E. La carta de oración debe ser vista como una letra de alabanza de como Dios responde a sus oraciones mientras que comunique las peticiones nuevas
*Una carta de oración puede ser honesta sobre las dificultades, pero nunca debe ser utilizada como una oportunidad para quejarse

F. La carta de oración debe ser escrita en una manera que las peticiones de oración y alabanzas se puede hacer revisado muy rápidamente
*Puede incluir una lista actual o tener los puntos claves en formato de letras negritas

The Markle Family
Jeremy, Laura, Jeremiah, Juliana, & Joshua
Serving the Lord in Puerto Rico
"Praying always ... for me ... to make known the mystery of the gospel." Eph. 6:17-18

Field Address:
Mans. en Paseo de Reyes
139 Calle Reina Alexandra
Juana Díaz, PR 00795
Cell: 787-374-1034
jmarkle@baptistworldmission.org
Sent by:
Valleyview Baptist Church
2870 Pheasant Dr.
Northampton, PA 18067
610-837-5894
Sent through:
Baptist World Mission
PO Box 2149
Decatur, AL 35602
256-353-2221
Iglesia Bautista de la Fe
Iglesia Bautista De La Fe

The Markle Family
Jeremy, Laura, Jeremiah, Juliana, Joshua
Serving the Lord in Puerto Rico
Sent by:
Valleyview Baptist Church
2870 Pheasant Dr.
Northampton, PA 18067
610-837-5894
Field Address:
Mans. en Paseo de Reyes
139 Calle Reina Alexandra
Juana Diaz, PR 00795
Cell: 787-374-1034
jmarkle@baptistworldmission.org
Sent through:
Baptist World Mission
PO Box 2149
Decatur, AL 35602
256-353-2221
Iglesia Bautista De La Fe

The Markle Family
Serving in
Puerto Rico
Iglesia Bautista De La Fe
PUERTO RICO
JUANA DIAZ
Isla Del Encanto
Puerto Rico
PUERTO RICO

Supplementary Examples

The Markles' Purpose

Jeremy and Laura Markle have purposed in their hearts to follow God's Word and the Holy Spirit's leading in their lives and ministry. Their ministry's purpose is based on God's commission to all believers. Matthew 28:19–20:

> *18 And Jesus came and spake unto them, saying, All power is given unto me in heaven and in earth.*
> *19 Go ye therefore, and teach all nations, baptizing them in the name of the Father, and of the Son, and of the Holy Ghost:*
> *20 Teaching them to observe all things whatsoever I have commanded you: and, lo, I am with you alway, even unto the end of the world. Amen.*

We purpose to follow God's commission based on Jesus Christ's authority over all things, including our lives. It is Christ Who is King of kings and Lord of lords, and we wish to keep Him on the throne of our hearts (Romans 12:1–2).

We purpose to be God's ambassadors to a lost world in which we live by sharing the Gospel of Jesus Christ (2 Corinthians 5:20–21).

We purpose to go forth with the truth of the Scripture to teach believers to identify with their Savior through the waters of baptism by immersion. We recognize the importance of this first step of obedience (Acts 2:41–42).

We purpose to disciple and edify each believer through the Word of God. We believe that the local church is God's source of fellowship and spiritual edification for all believers (Hebrews 10:24–25).

We purpose to live our lives according to the truth that Jesus Christ is always with us. We will accept this truth as a source of accountability in the decisions we make and as a source of comfort during life's circumstances (Hebrews 13:15).

85

Supplementary Examples

Jeremy's Call to Ministry

I believe that any man's call to ministry is located within God's perfect will for his entire life (Rom. 12:1–2). Today, God does not stop men on the road as He did with Saul (Paul), nor does He speak in a small voice as He did to Samuel (1 Sam. 3:1–15; Acts 9:1–9). However, I believe that a present-day calling to the ministry is just as substantial. Today, God uses the Holy Spirit to guide His children through His Word into a willing obedience of His will (John 16:13). I believe that the Apostle Paul, although called by an audible voice, followed the leading of the Holy Spirit to fulfill his calling (Acts 18:21; Rom 1:10; 15:32; 1 Cor. 4:19). The Holy Spirit is also the One Who places an unquenchable desire in a man for the purpose of being a minister of the Gospel of Peace (Psa. 37:3–5; 1 Tim. 3:1). I have submitted myself to the request that God makes for ambassadors (Isa. 6:13; Rom. 10:13–15).

My call to the ministry began when I was a small boy. After I accepted Jesus Christ as my personal Savior, He began to work on my heart about lost souls. During this time, I had the privilege of watching my father work as a minister of God. Moving into my teenage years, God was continually attempting to make a strong-willed child into a moldable young man. During my junior and senior years of high school, God led my father and our family into the Water of Life Ministry based out of Airport Road Baptist Church, Allentown, Pennsylvania. My father believed that he was not the only one who should be involved in this ministry, but that his entire family should be a part of God's work.

At this time, God permitted me to go on a ten-day missions trip to Puerto Rico. God used this trip and the other ministries

87

The Deputation Trail

h I was involved—both with my father and at Airport aptist Church—to impress on me a strong burden for the l for the pastoral ministry. God also used the lukewarm n my Christian school and youth group, along with the unity to minister to other teens while traveling with my to teach me the difference between living for the world ing for God (Matt. 6:24). My desire was deepened for o this world and for living unto Christ and Christ alone :20).

lowing my years in high school, I followed the Lord's to Northland Baptist Bible College, where I majored in ministries. During all four years at NBBC, God opened r for me to work in extension churches where I was able ny training into action. This training also furthered my for full-time Christian service. After graduation, God l me to work for a short time in Marshfield, Wisconsin, l-time assistant pastor. I continued to find God's call into the ministry stamped more deeply on my heart. God then chose to move me to work in Melvin, Michigan, with my brother, who is the pastor of Melvin Baptist Church. During this time, I was unable to be paid full-time, so I also worked a secular job. Working in the secular work world gave me a great opportunity to share the Gospel, and once again, God drove the desire for full-time Christian service deeper.

God's will for each individual is private and personal. However, I believe that others can see God's leading in an individual's life. I also believe that good, godly advice is essential in finding God's will (1 Kings 1:6–7; Pro. 11:14). Through the ministries with which I have come in contact, I have been warned of the difficulties and encouraged by the joys of the ministry, but I have never been discouraged from my calling

Those who are called into the ministry must be able to fulfill the requirements for ministers as set down in Scripture. These requirements are found in 2 Tim. 3:1–9 and Titus 1:5–9. I believe that I can fulfill these requirements. This is not to say that I do not have areas in which I need to grow, but I believe

88

Supplementary Examples

that God has preserved my life to be able to be used for Him according to these requirements for the ministry.

In a man's call for ministry, his wife and family must also be considered. My wife has surrendered her life to full-time ministry through God's special guiding hand. God has allowed her to see the hardships in ministry, yet she has been and is willing to follow His leading. Ultimately, she believes her first calling is to be my wife, and in that calling she is committed to follow me wherever I believe God is leading us (Ruth 1:16–18; Eph. 5:22–25). Our desire for our children is that God would permit us to raise up the next generation of believers who will serve Him with their whole hearts (Josh 24:15; Pro. 22:6; Eph. 6:4).

In looking for God's perfect will for my life, I have sought for His guidance in several areas. First, I surrendered my life to full-time service, if that would be His will. In answer, He has placed an unending desire for the ministry in my heart (1 Sam. 3; Rom. 12:1–2; 1 Tim. 3:1). Second, I have seen God's guidance, preservation, and preparation of my life for ministry (Jud. 6:36–40; Ps. 37:3–5; Pro. 3:5–12; 2 Tim 3:14–4:5). Third, I have spent much time in prayer seeking God's direction and have found His answer to be a continual, "Yes" (Gen. 24:12–14, 25:26–27; Ps. 32:8–9; James 1:5). Finally, I have sought advice and godly counsel from pastors, family, and friends and have found them all to be encouraging me into the ministry (1 Kings 1:6–7; Pro. 11:14). Based on these steps in my life, I believe it is God's will for me to be a minister of the Gospel of peace. God has given me the great responsibility to "preach the word; be instant in season, out of season; reprove, rebuke, exhort with all longsuffering and doctrine" (2 Tim. 4:2). (Gen. 24–25; Judg. 6–8:3; 1 Sam. 23:1–5)

89

Supplementary Examples

God's Leading to Puerto Rico

Jeremy Markle

During my junior and senior years of high school, God's guiding hand began to prepare my heart for serving Him in Puerto Rico. During these two years, God began to direct my heart through His Word and the Holy Spirit's conviction that I must be willing to surrender all of my life to Him. He also permitted me the privilege of participating in a ten-day missions trip to Puerto Rico with a sister church to my home church, Airport Road Baptist Church of Allentown, Pennsylvania. This trip focused on a one-week Vacation Bible School. During the next year, God continued to direct my heart toward the Puerto Rican people through serving in the bus ministry and living in an inner-city environment that was heavily populated by Puerto Ricans.

At the close of my high school years, the Lord guided me to further my education at Northland Baptist Bible College. During my junior year of college, I was approached by several other students to speak to the school missions department with a request for a trip to Puerto Rico. When I approached the missions department, they encouraged me to follow through with this endeavor, and they gave me general guidelines to help. This trip was for two weeks and involved four college students besides myself (one being Laura), one high school student, and a Spanish-speaking couple. We were able to assist Paula VanNatta, a BWM single missionary, with teen-focused revival meetings. We were also able to minister to other missionaries on the island.

91

The Deputation Trail

Iay of 1998, Laura and I graduated from Northland, I BA in youth ministries, and Laura received a BS in ary education. We were married in June of 1998. God sly led me to a position as the assistant pastor of Grace Church in Marshfield, Wisconsin. We had been serving e Baptist during our senior year at Northland.

God continued to work in my heart, my brother Scott, a n Melvin, Michigan, invited me to come and assist him ninistry. This was one of the greatest blessings I have d. It was not only an opportunity to work with family, knew God was calling me to leave in the future, but it o truly a fulfilment of a lifelong desire to work with family stry for at least a short time. Knowing that God had not ne to stay indefinitely with my brother, I began spending me in prayer, seeking God's direction for a church which e willing to consider being our sending church to Puerto During this time, I was able to have contact once again astor Stoeckmann of Airport Road Baptist Church (currently known as Valleyview Baptist Church). He extended an invitation to Laura and me to come and join the ministry there and see if God would make them our sending church. This also was a display of God fulfilling one of my desires.

We made the move back to my home area of the Lehigh Valley in Pennsylvania, and we have enjoyed the opportunity to participate in the ministry of Valleyview Baptist Church. One of our highlights was when Pastor Stoeckmann asked me to organize my third trip back to Puerto Rico and to be accompanied by several church members. This trip came about in August of 2001, and it was focused on helping a missionary who was just starting a work on the southern side of the island. Laura and I stayed on the island one extra week to survey the island and to observe the ministries that currently exist.

With these few reflections on how God has led me to a ministry among the Puerto Rican people, I must say that these are only the tip of the iceberg in comparison to how He has guided day by day to confirm His leading. Every fork in the road

92

…xamples

…rossed has only given me a … this work in our lives. … e and glory that He deserves. I … now He will continue to confirm

93

The Deputation Trail

Laura Markle

…n I was in eleventh grade, we had a missions conference … hurch, Parsippany Baptist Church in Parsippany, New … Some national pastors from Argentina had come for the … nce, and my family had them over for dinner at our … Because I was taking Spanish classes that year, the … and I were chatting in Spanish. They told me that I … consider coming to Argentina as a missionary. This was … time I had ever considered missions. Later that spring, … ed to take the opportunity of going on a missions trip to … o see if the Lord would really have me go into missions. … trip, I learned that missions is very much like ministry … the States, and that God could use me if I would let Him. … ndered to missions.

… tended Northland Baptist Bible College with a major in … tary Education, with the focus of using my degree on the … field to teach missionary children. During college, I went on a missions trip to Mexico, and the Lord reaffirmed in my heart the desire to go into missions. I was also able to go to Puerto Rico on a missions trip with Jeremy during our college years.

I am excited about going to Puerto Rico. The Lord has given me a burden for these wonderful people. While my primary focus is to be the best helpmeet for my husband and mother for my children that I can be, I do desire to serve the Puerto Rican people in any way possible

94

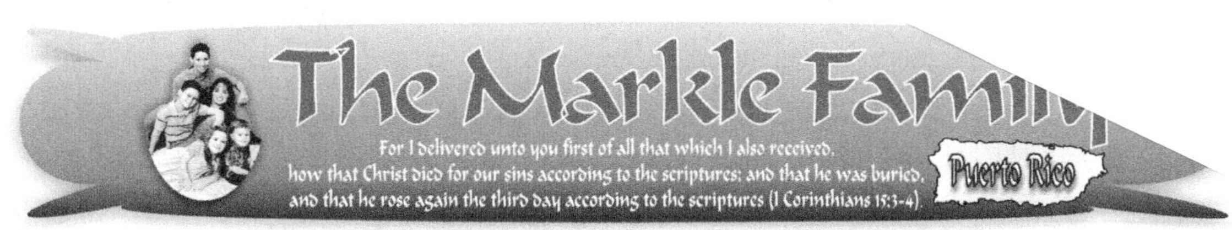

July 2016

Dear Prayer Partners,

Let us begin by saying that God has been very kind to us through answering your prayers for our family and ministry during these past few busy months. The busyness is far from over, but we are very thankful that our construction project is coming to a close (with Mel's and Ron's help). We have also completed our Vacation Bible School ministry, and it was a great hit with the children who attended. We were encouraged by the testimony of our church members as they brought some of their neighborhood children and family members. Please pay that the seeds of God's Word that were sown during this week would bring forth spiritual fruit in years to come.

We are also very excited to share with you the answer to your prayers for Maritza and Ray, two new converts who were recently baptized and added to our church membership. Please pray for their continued spiritual growth.

Now we need you to pray, pray and pray some more as our summer camp week begins on July 11. Specifically, please pray for God to provide wisdom, strength, organization, and protection as we are greatly lacking male counselors. Presently, it looks like Jeremy and his assistant, Roger Papius, will not only be running the camp, but will also be part of the counseling staff. We are thankful that Pastor Keven Taylor will be coming from North Carolina to be our guest speaker. Please pray for him and for the children to be receptive to God's Word when it is presented.

Following camp, we look forward to putting the finishing touches on our building project and returning to a full schedule of counseling and Bible studies with our people. Please pray for several adults who attend our Sunday morning services regularly but are not saved: Angel Luis, Madeline, Sonia, and Eduardo. Please pray that God will open their hearts to His Word through the preaching, that they will agree to personal Bible studies, and that their schedule will work with our limited time. Please also continue to pray that God will provide some spiritual help for our ministry. Currently, we are all stretched thin with our current responsibilities and would be delighted to share the burden with other faithful believers.

We will conclude with a very special prayer request. As many of you may have heard in the news, Puerto Rico is suffering greatly. The economic needs of the island are affecting individuals, families, towns and churches. Within our own ministry, we have had individuals who had to go to the States for a time or are considering the option of Stateside work in order to take care of their family. The economic struggles are affecting everyday life and making many individuals feel insecure. Please pray for God to use this insecurity to draw the lost to Himself and to help the saved grow in their faith in Him. Also, please pray for our family to have wisdom both at home and in ministry as basic living costs continue to soar. Please pray for our health as many healthcare facilities are struggling to pay their bills and provide care. Please pray for us to be wise in our responses in private and public to any concern that may arise, such as the electric company's current threat to start cutting electricity for days at a time in order to have enough oil for their generators (we are considering the purchase of a home generator to help with any blackouts by either the electric company or hurricanes). Please pray that we will always follow God's leading and provision to be properly prepared for any need so that we might adequately minister to those around us in their time of need. Please pray for God's hand to clearly guide us, our ministry and Puerto Rico at this unstable time.

In His service,
Jeremy, Laura, Jeremiah, Juliana, Joshua Markle

Valleyview Baptist Church
2870 Pheasant Dr.
Northampton, PA 18067
610-837-5894

Jeremy & Laura Markle
Mans. en Paseo de Reyes
139 Calle Reina Alexandra
Juana Diaz, PR 00795
Home - 787-260-0009
Cell - 787-374-1034
Jmarkle@baptistworldmission.org

Baptist World Mission
811 Second Ave. SE
PO Box 2149
Decatur, AL 35602

LA COMUNICACIÓN EN LA DIPUTACIÓN

I. Las maneras de comunicación en la diputación
*La comunicación clara y respetuosa siempre ayuda a hacer que cada oportunidad de ministerio se realiza con éxito. La comunicación apropiada durante la diputación es muy importante porque representa la dedicación del misionero en su ministerio futuro y de las maneras de comunicación que va a usar en el futuro cuando hay una gran distancia entre el pastor y el misionero.
A. El portfolio de introducción - Al enviar un portfolio de introducción informativo a los pastores de antemano, el misionero muestra su comprensión de la restricción de tiempo del pastor y su deseo de ser transparente acerca de su vida y ministerio.
B. La llamada telefónica - Al mantener llamadas telefónicas amables y todavía informativa, el misionero representa su corazón sincero para las personas y los ministerios.
C. La carta de confirmación - Al enviar cartas de confirmación, el misionero muestra atención a la organización y los detalles
*El misionero debe expresar agradecimiento por el interés expresado en su familia y ministerio, así como confirmar las fechas y detalles de la reunión programada
D. La llamada telefónica de confirmación - Al hacer una llamada telefónica de confirmación dos semanas antes de la fecha de la reunión, el misionero tiene la oportunidad de verificar y aclarar todos los detalles finales de la hospitalidad y su participación en el ministerio: la hora de llegada y salida, el tiempo de los servicios, oportunidades del ministerio, las comidas, la vivienda, etc.
*El misionero siempre debe ser flexible para ajustar los planes realizados previamente por el pastor y las necesidades actuales del ministerio, y nunca debe imponerse al pastor o a las personas por alojamiento o la acogida (permitir que el pastor pone el régimen horario y ofrecer hospitalidad)

E. El correo electrónico - Al usar el correo electrónico cuando sea posible, el misionero muestra su comprensión de comunicación rápida y concisa.
*El misionero debe reconocer que el correo electrónico es muy impersonal y no debe usarlo sin el permiso del pastor
*El misionero debe asegurarse de que el mensaje fue recibido por la persona correcta
**Cada correo electrónico debe incluir una "confirmación de lectura" para lo que no haya duda que el recipiente recibió y leyó la carta

F. La carta de oración - Al enviar las cartas de oración regulares, el misionero demuestra su comprensión de la responsabilidad y su voluntad de compartir su vida y ministerio con los que están apoyandole en los años venideros

G. La carta del fin del año - Al enviar una carta anual dando cuenta del ministerio en el año pasado y presentando las metas para el ministerio futuro a los pastores de las iglesias que han expresado su interés continuo, el misionero demuestra su habilidad de evaluar su propio ministerio y planear para el futuro

H. La tarjeta de agradecimiento - Al enviar la tarjeta de agradecimiento personalizada, el misionero se muestra un corazón de gratitud por el ministerio y labor de los otros creyentes para el misionero, su familia, y su ministerio
*El misionero debe enviar una tarjeta a cada iglesia que visita (en menos de dos semanas después de la visita) por el tiempo dado para presentar el ministerio, la ofrenda del amor, y para cualquier bendición recibida personalmente
*El misionero debe dejar o enviar una tarjeta a la familia que le ministró a él y a su familia durante su visita (por las comidas, la hospitalidad, y el compañerismo cristiano)

II. Los consejos para la comunicación en la diputación
*Cualquier comunicación comenzada en la diputación debe ser mantenida a través de sus primeros años en el campo misionero, por lo tanto es importante que no empieza algo que no se puede mantener durante su ministerio futuro (páginas de red, blogs, facebook, correos electrónicos frecuentes, etc.)

A. Incluir cada ministerio con quien tenia contacto y un visita en su lista de carta de oración hasta que se le da un razón para eliminarlos

B. Enviar una carta anual a los pastores de las iglesias que lo apoya y las iglesias visitadas
C. Hacer las llamadas telefónicas a los pastores que lo piden dentro del tiempo designado
D. Encontrar un lugar tranquilo para hacer llamadas telefónicas mientras que esté en viaje
   *En el coche mientras que la familia está en el hotel
   *Sentarse o caminar fuera (áreas de descanso, etc.)
   *En una habitación en una iglesia cuando el pastor lo haga disponible
E. No utilizar un sistema telefónico basado en red que limita su capacidad para hacer o recibir llamadas telefónicas cuando no haya una conexión de red
F. Estar preparado para contestar la llamada telefónica de un pastor y devolver las llamadas de los pastores cuando usted no pueda contestar
   *Un sistema de manos libres es muy importante
G. Ser consciente de las necesidades del pastor cuando lo llame
   1. No lo llame fuera del horario de oficina (a menos que lo solicite)
   2. No lo llame a su casa o teléfono celular (a menos que lo solicite)
H. Enviar una carta de confirmación (física o electrónica) después de una reunión se ha programado
   *Tener una carta modelo que se puede ajustar fácilmente los detalles para cada nuevo contacto ministerial
I. SIEMPRE hacer comunicación de confirmación (por teléfono o correo electrónico) por lo menos dos semanas antes de la fecha de la reunión

Supplementary Examples

Confirmation Letter

January 14, 2004

Dear Pastor ( ),

I would like to confirm the details of our conversation on ( ).

My wife, Laura, our son, Jeremiah, and I are looking forward to joining you for your ( ). As discussed, we are planning on ministering by ( ). We are also planning on setting up a display to present our ministry purpose and field of Puerto Rico. We would ask that you would help us by providing a table for our display and a screen and microphone cord for our slide presentation.

Please do not hesitate to communicate any other areas of service in which we may be of help to you and your congregation.

I have enclosed a short introduction of our family and ministry that can be used as a bulletin insert if you would like.

I will look forward to confirming these details approximately two weeks prior to the meeting date.

If you have any questions, concerns, or alterations, please contact me via the resources below or by calling my cell phone at (610) 360-8201.

In Christ's service,

Jeremy Markle.

95

La Organización de la Diputación

I. Los contactos
   A. Las listas de contactos se pueden recoger a través de personas confiables
      1. El pastor de la iglesia enviadora
      2. La familia
      3. Los amigos
      4. La agencia misionera
      5. Los otros pastores que apoyen
         *Después que tenia una buena relación con ellos
         *Tenga mucho cuidado de las listas facilitadas por otros misioneros debido a la sobre-imposición de pastores y sus ministerios
   B. Cada contacto debe ser evaluada cuidadosamente
      1. Por su localidad
      2. Por su posición doctrinal y práctica espiritual
         *Las recomendaciones personales de los pastores de confianza y fieles creyentes pueden garantizar buenas visitas con iglesias de la misma fe y práctica
         *Cada contacto se debe considerar con cuidado usando los recursos de red, etc., para completar una investigación adecuada con el fin de protegerse de las circunstancias difíciles debido a problemas de doctrina y separación

II. Las portafolios de introducción
   A. Las portafolios deben ser profesional y completos
   B. Un portafolio debe ser inviado a cada contacto por lo menos dos semanas antes que hay un contacto telefónico
   C. Una portafolio digital debe estar lista para inviar a las iglesias por correo electrónico

III. La llamada

*Realizar llamadas telefónicas a los pastores puede ser una de las tareas más difíciles y desalentadores durante la diputación. Sin embargo son una de las tareas más importantes para tener éxito en el ministerio de la diputación.

A. Siempre estar <u>atento</u> en el momento y el lugar de su llamada telefónica (a donde usted está llamando - oficina, casa, celular)

*Para ser amable al pastor y a su familia, nunca debe llamar al teléfono del hogar o celular del pastor a menos que él le dio su permiso

B. Siempre ser <u>amable</u> durante su conversación y tratar de aligerar el día del recipiente

*Después que la llamada es contestada, pregunte, "¿Cómo estás hoy?"

*Si usted nota que está interrumpiendo, ofrece a llamar más tarde, o que el pastor le devuelve la llamada a su conveniencia.

C. Siempre ser <u>claro</u> en cuanto a quien usted es y el propósito de su llamada telefónica

*Proporcionar información importante desde el principio: nombre, campo de servicio, hacer referencia al paquete de introducción que ha enviado por correo, etc.

D. Siempre ser <u>conciso</u>, organizado, y preparado

*El misionero debe estar listo para compartir una breve descripción de su familia, el ministerio, y la disponibilidad, mientras que esté preparado para responder a cualquier pregunta que el pastor tiene

**Escribir un guión escrito o tiene "puntos de conversación"

**Tener su calendario listo

**Tener la información de la iglesia disponible y tomar notas

*El misionero debe ser diligente para obtener información básica acerca de su participación en el ministerio cuando esté prevista una reunión: fechas, horarios de servicios, participación en el ministerio, hospitalidad, etc.

E. Siempre <u>recordar</u> que cada nueva llamada se conecta a una nueva persona con una nueva personalidad, situación de ministerio, e interés en su ministerio

*No permitir que su conversación casual con un pastor lleva al siguiente pastor

*No permitir que el desaliento de una conversación que impide disfrutar de la bendición de la siguiente

F. Siempre dejar mensajes claros, amables, y concisos sobre los contestadores automáticos o con las secretarias: nombre, la iglesia enviadora, la agencia de la misionera, campo de servicio, descripción de la carta, número de teléfono de contacto
*Fuera de la bondad para el pastor, su personal, y familia, debe esperar suficiente tiempo para las llamadas telefónicas devueltas (2 días), y debe limitar los mensajes dejados (3 veces) si no se encuentra el pastor

G. Siempre recordar que usted es simplemente un facilitador para una asociación ministerial, pero es Dios que dirige al pastor para aceptar su asociación
*Hacer una meta para la cantidad de llamadas que hará cada día, y pedir a Dios para proporcionar al menos un buen contacto dentro de esas llamadas
*Nunca ser agresivo por la cantidad de llamadas que realice a la misma iglesia o en su conversación con el pastor, pero simplemente estar disponible
*Siempre ser amable sin importar la respuesta a su llamada

Un Guión telefónico

Secretaria: Buenos días, la Iglesia Bautista de la Gracia, Linda hablando, ¿en qué puedo ayudarle hoy?

Misionero: Buenos días Linda, ¿cómo va tu día?

Secretaria: Lo estoy haciendo bien, gracias por preguntar.

Misionero: Bueno, contento de escuchar. Soy Misionero Jeremy Markle, sirviendo con Misión Mundial Bautista, en Puerto Rico. Estaba llamando hoy para el seguimiento de un paquete de información que envié a su pastor para introducir nuestra familia y ministerio. Debería haber estado en una carpeta azul, media hoja. Espero que a él lo llegó y que podía hablar con él por unos pocos minutos.

Secretaria: Bueno ... No estoy seguro de si se ha llegado todavía, pero vamos a ver si el pastor está disponible.

Misionero: No hay problema, sé cómo funciona el correo en estos días, tal vez se retrasó. Esperaré.

Secretaria: Lo siento tanto, parece que el pastor acaba de salir para el almuerzo. Puedo tomar un mensaje?

Misionero: Claro, eso sería genial, una vez más mi nombre es Jeremy Markle, soy un misionero con la Misión Bautista Mundial, y estoy sirviendo en Puerto Rico. Si llegó mi introducción en paquetes, que sería una carpeta de media hoja de tamaño, de color azul, con nuestra tarjeta de oración, testimonios, etc. dentro. Mi número telefónico es 787-374-1034, y el pastor me puede llamar en cualquier momento.

Secretaria: Ok, gracias, voy a hacerle saber al que llamó.

Misionero: Muchas gracias, tenga un buen día.

IV. La programa de las reuniones
   A. Un misionero debe ser cuidadosamente preciso y detallado en su programación
   B. Un misionero debe organizar sus reuniones cerca una de las otras
   C. Un misionero debe tratar de ser con la iglesia todo el día si es posible para que realmente pueda llegar a conocer la iglesia, y para que la iglesia pueda llegar a conocer al misionero

D. El misionero debe ser lo más flexible posible, y preparado para participar en cualquier aspecto del ministerio: el ministerio de niños, el ministerio de adolescentes, el ministerio de los ancianos, las banquetes, las conferencias, el evangelismo, los días de trabajo, etc.

E. Un misionero debe tomar en cuenta las necesidades de su familia mientras que planee su programa de reuniones y conferencias
*Debido a que las calificaciones de un pastor/misionero incluyen la familia, y la familia serán todos ministrando juntos, es muy importante que la familia viaja con el misionero en todo momento a menos que exista una enfermedad o circunstancias extremas

F. Un misionero debe recordar que muchos pastores están programados al menos seis meses de antelación
*Cuando es posible, llenar las fechas más cercanas a la fecha de la llamada, pero el misionero no debe esperar más de lo razonablemente posible de parte del pastor

V. Las reuniones

A. Es beneficioso de hacer "centros" de reuniones cerca a su iglesia enviadora o donde tienen amigos o familiares como una ubicación central por la diputación y también por las visitas para dar cuenta del ministerio en el futuro
*Cuando las listas de contactos originales de amigos, familiares, etc. se han complido y hay que ampliar los recursos del contacto, mantener la filosofía de "centros" tanto como sea posible por contactar iglesias conectadas con su agencia misionera que tienen casas/cuartos para misioneros
*Puede ser útil para conectar los centros por buscar los contactos entre dos o tres centros de manera que el tiempo de viaje de furlough puede ser útil como enlace su apoyo a las iglesias, mientras yendo y viniendo de diferentes centros

B. Los programas de la computadora y mapas de red pueden ser una gran ayuda para encontrar distancias aproximadas de un lugar al otro y hacer los límites de los centros cuando planeando y viajando a las reuniones
*Por ejemplo: un misionero en diputación a tiempo parcial deberá ser capaz de volver a trabajar el lunes, por lo que mediante el uso de un programa del mapa, puede encontrar todos los contactos que tienen no

más que 3 horas lejos de su casa y no en contacto con nadie más allá de esa distancia para empezar

C. Aunque las unidades de GPS y teléfonos inteligentes se han convertido en muy populares y son muy útiles, siempre es importante verificar las direcciones de antes de empezar un viaje
*No es infrecuente que un GPS puede llevarle fuera de su camino, y pierde un tiempo valioso mientras viajando a su destino

D. Debe planear en llegar al menos 30 minutos antes del primer servicio del día para tener suficiente tiempo para saludar y comunicar con el pastor, así como configurar todo de su exhibición y presentación multimedia

VI. Los archivos
* El registro adecuado es de suma importancia y con la tecnología actual, un misionero puede encontrar una base de datos que le ayudará con muchos de estos detalles.

A. Una base de datos debe ser establecida para realizar un seguimiento de los registros de cada visita
*Microsoft Outlook se puede utilizar para obtener información básica, pero no es muy útil para muchos detalles del ministerio
*"Act" por Sage es una fuente de base de datos fácil de usar, pero tiene algunas limitaciones
*Recursos de Google puede ser útiles, ya que se comunicará con los ordenadores, tabletas, y teléfonos inteligentes.
1. Información del contacto
2. Fechas de reuniones
3. Mensajes predicados
4. Familias de hospitalidad
5. Apoyo recibido
6. Ofrenda del amor recibido

B. Copias escritas de información de la iglesia deben ser imprimibles para las referencias fáciles y propósitos de viaje

C. Todos los archivos digitales deben ser respaldados con regularidad!

D. Una lista organizada e imprimible de todos los contactos para recibir las cartas de oración, que incluye tanto las direcciones postales y de correos electrónicos

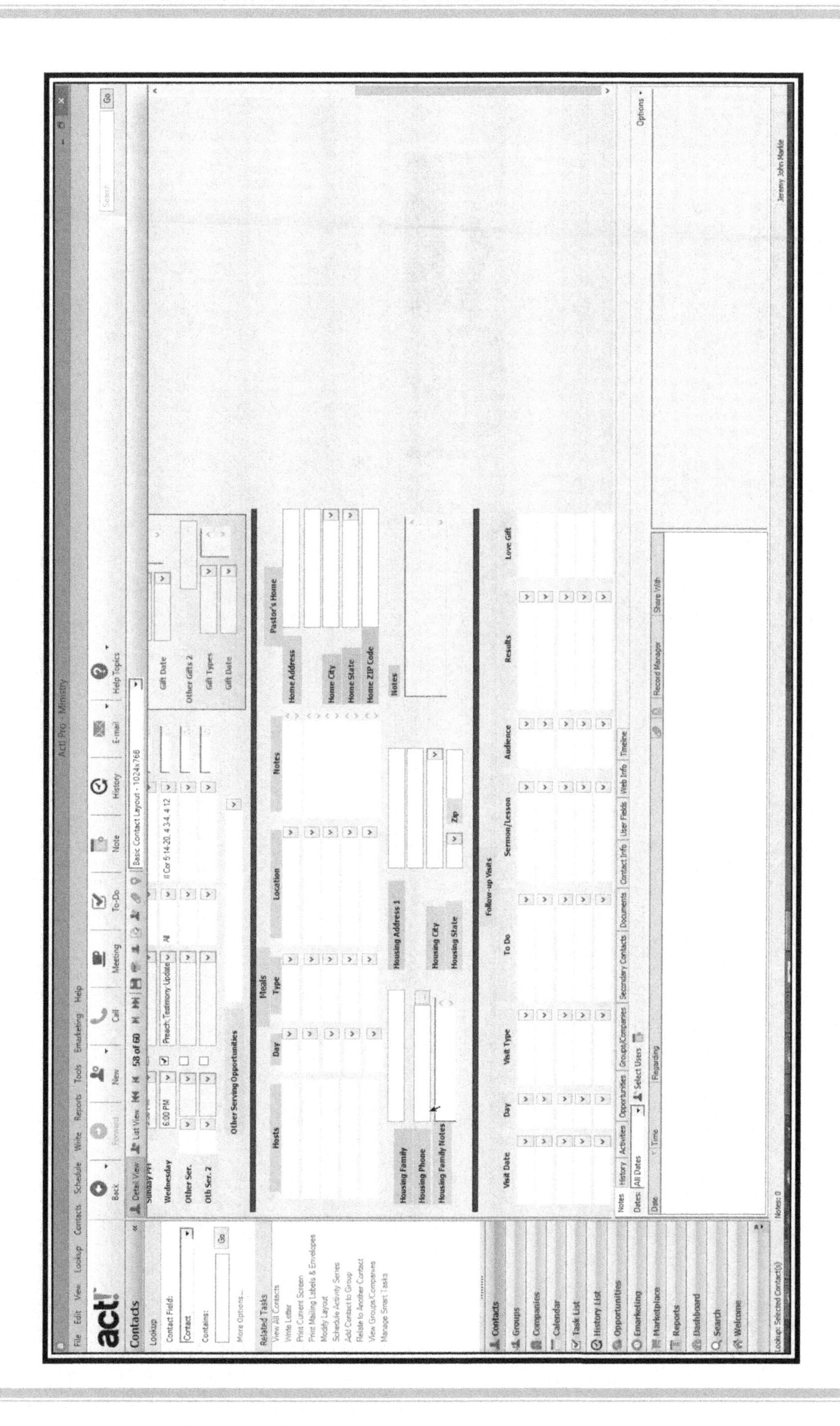

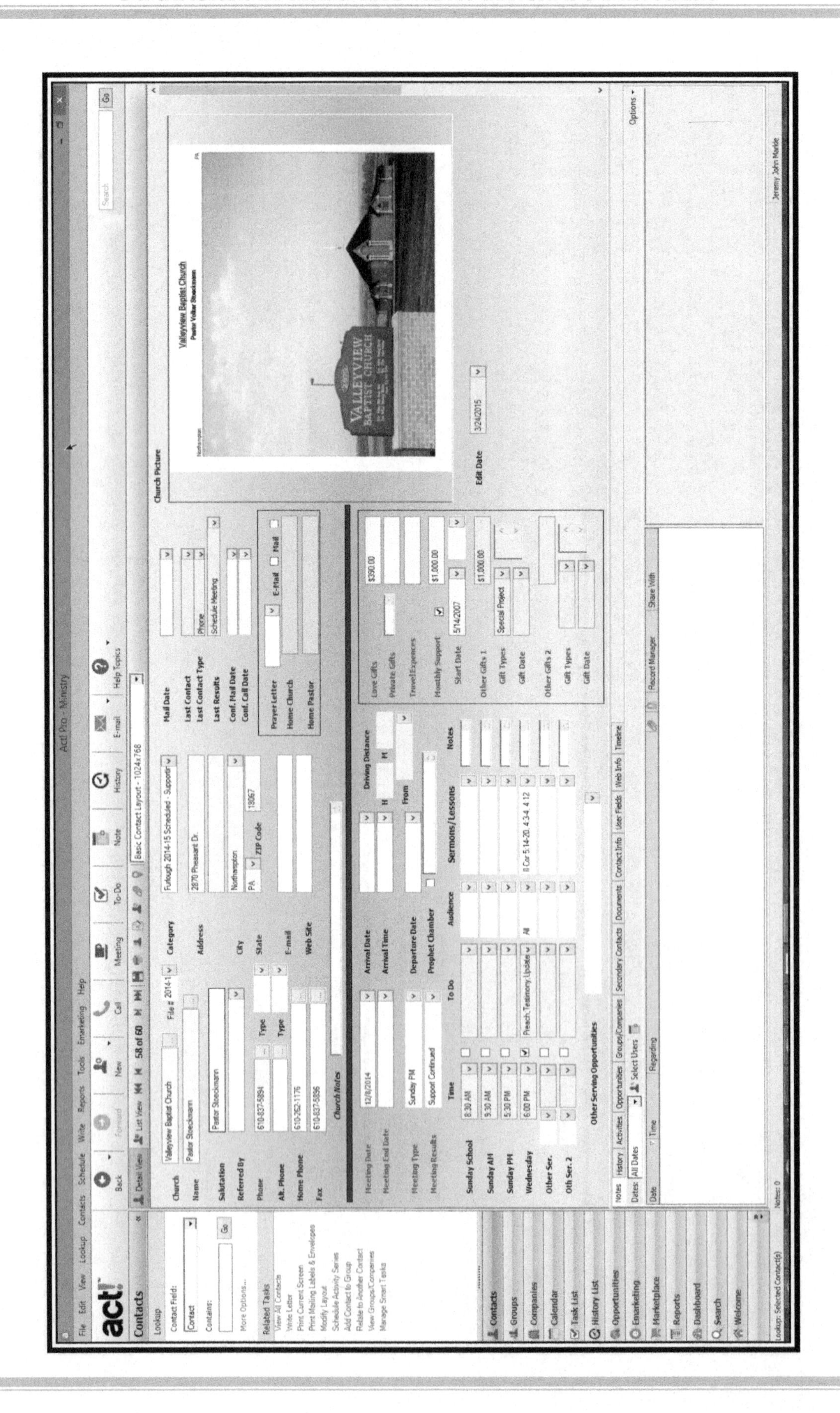
Act! Pro - Ministry
Contacts
Church Picture
Valleyview Baptist Church
Edit Date
3/24/2015

Special Notes

Contact

Church Record # .

Church

Address

Contact

Phone *Ext.*

Alt. Phone

Home Phone *E-mail*

Fax Phone *Web Site*

Categor *Ref. By*

Communication Records

Schedule Date
Meeting End Date
Meeting Type
Meeting Results

Mail Date
Last Contact
Last Contact Type
Last Results

Distance From H M

Arrival Date Arrival Time

Departure Date

Prophet Chambers N

Conf. Mail Date
Conf. Phone Date

Church Ministry Info

	Time	Y/N	Ministry To Do
Sunday School		N	
Sunday AM		N	
Sunday PM		N	
Wednesday		N	
Other Ser.		N	
Other Ser. 2		N	

	Audience	Sermon/Lesson	Notes
Sunday School			
Sunday AM			
Sunday PM			
Wednesday			
Other Ser.			
Other Ser. 2			

Serving Opertunities

Current Support No Current Start Frequency

Starting Amount Starting Date

Love Gifts Private Gifts Other Gifts

Travel Exp. Priv. Gift Notes Other Gifts 2

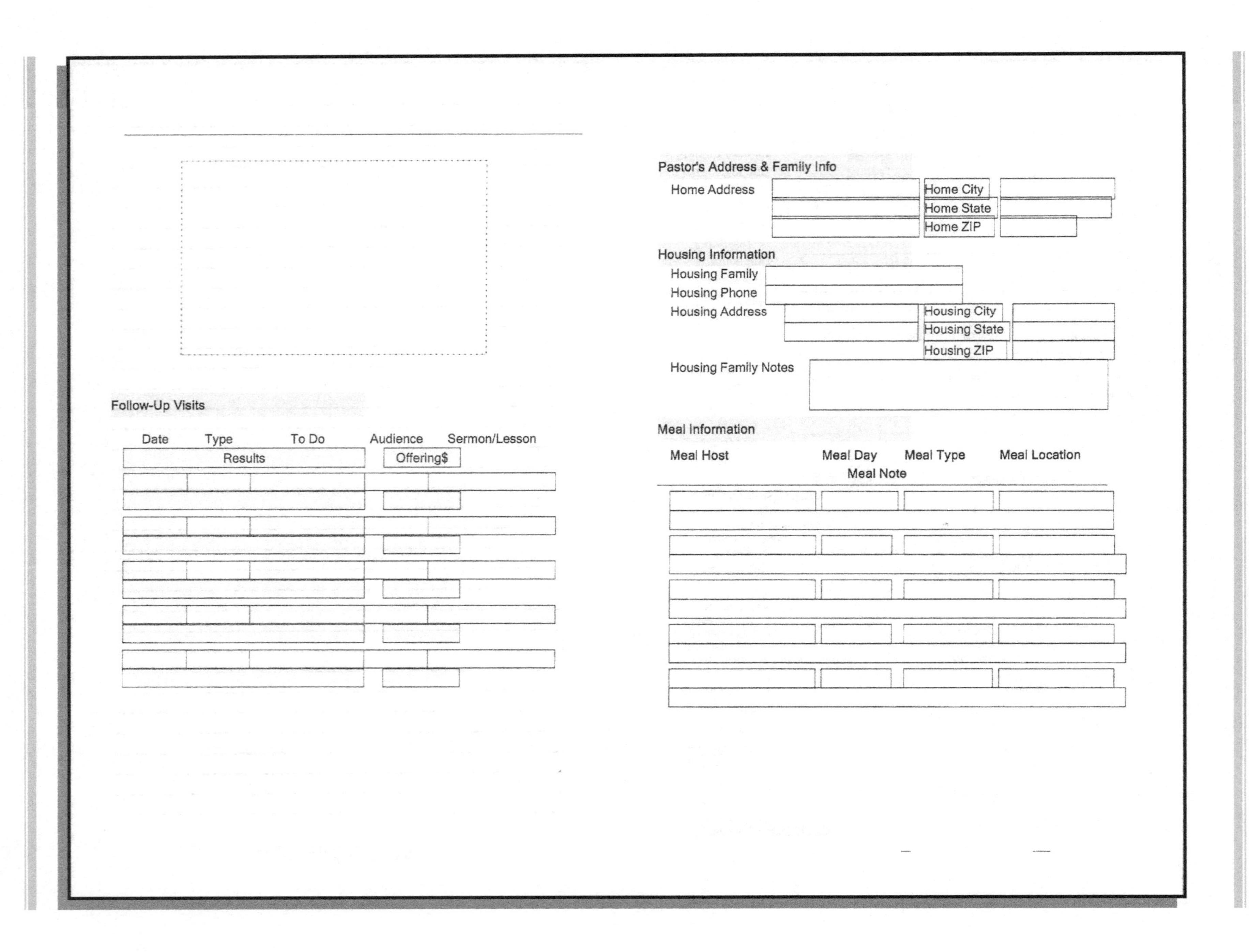
Follow-Up Visits
Date
Type
To Do
Audience
Sermon/Lesson
Results
Offering$
Pastor's Address & Family Info
Home Address
Home City
Home State
Home ZIP
Housing Information
Housing Family
Housing Phone
Housing Address
Housing City
Housing State
Housing ZIP
Housing Family Notes
Meal Information
Meal Host
Meal Day
Meal Type
Meal Location
Meal Note

El Programa de la Diputación
I Corintios 16:1-4, II Corintios 8:1-9:15

El ejemplo del apóstol Pablo que se encuentra en primera y segunda Corintios presenta algunos principios rectores para los misioneros a seguir a medida que viajan en su ministerio de diputación. En primer lugar, se **comunicaba** con la iglesia a la que deseaba asociarse con sus esfuerzos en el ministerio (I Corintios 16:3a, II Corintios 8:1-9:15). En segundo lugar, él personalmente **presentó** su ministerio y las necesidades de aquellos a los que se deseaba para el ministerio (I Corintios 16:1, 3 b, II Corintios 9:4a). En tercer lugar, aceptó una **asociación** con los creyentes que se encontraba de visita para que pudiera cumplir su ministerio a los necesitados (I Corintios 16:3b-4, II Corintios 8:4).

I. Comunicar su interés por una asociación ministerial

II Corintios 8:8
8 No hablo como quien manda, sino para poner a prueba,
por medio de la diligencia de otros,
también la sinceridad del amor vuestro.

A. Formular las listas de contactos
*Pablo estaba interesado en visitar una iglesia que sabía era de la misma fe y práctica, y estaba interesado en participar en el ministro de misiones (II Corintios 8:8-12)

B. Verificar las ubicaciones de la iglesia
*Pablo estaba haciendo contacto con la iglesia porque sabía que estaría pasando por su ubicación geográfica (I Corintios 16:1-3a)

C. Hacer contacto
*Pablo se comunicó con la iglesia por enviar una carta antes de su visita para permitir que la iglesia se preparara adecuadamente para su llegada, basado en el interés del creyente en su ministerio (II Corintios 9:1-5)

1. Enviar una carta de introducción (primera impresión)
2. Hacer contacto por teléfono (confirmación de la primera impresión)
3. Programar una fecha para una visita
*Mantenga un calendario claro y detallado para evitar cualquier error de programación

4. Enviar una carta de confirmación
5. Hacer una llamada telefónica de confirmación dos semanas antes la visita

D. Mantener contacto
*Pablo había escrito varias cartas a la iglesia, y había enviado a Tito como su representante personal (I Corintios 16:1-4, II Corintios 8:16-24)
1. Mantener registros claros y actualizados (base de datos)
2. Comunicar regularmente sobre el progreso y las necesidades del ministerio (cartas de oración, llamadas telefónicas, etc.)
3. Esperar con interés la oportunidad de visitar personalmente y testificar de la obra de Dios (visitas de furlough) (Hechos 14: 26-28, Romanos 15: 30-33)

II. Presentar la oportunidad para una asociación ministerial

I Corintios 16:1, 3
1 En cuanto a la ofrenda para los santos,
haced vosotros también de la manera que ordené en las iglesias de Galacia.
3 Y cuando haya llegado,
a quienes hubiereis designado por carta,
a éstos enviaré para que lleven vuestro donativo a Jerusalén.

A. Presentar la oportunidad del ministerio
*Pablo preparó para su visita con la iglesia por enviar a Tito y un hermano en el Señor para dar testimonio de la necesidad y el propósito del ministerio, y luego llegó a la iglesia con otros creyentes para validar su ministerio (II Corintios 8:16-24, 9:3-8)
1. La mesa de exhibición
2. Las tarjetas de oración
3. Las presentación multimedia (pre-grabado, clara, precisa, etc.)
4. Las presentación vocal (testimonios, preguntas y respuestas, etc.)

B. Proclamar verdades bíblicas con respecto al ministerio
*Pablo presentó la Palabra de Dios regularmente y claramente a los creyentes, en su carta escrita tanto como predicación vocal para que pudieran ser edificados personalmente para la obra del ministerio (II Corintios 8:10-15, 9:6-15)

C. Participar en el compañerismo y disfrutar de la hospitalidad
*Pablo esperó la oportunidad de tener compañerismo con otros creyentes, y al hacerlo, ministraba a sus necesidades espirituales (II Corintios 1:14-16)
1. Estar disponible para cualquier persona, para hablar con los miembros de su familia, y asegúrese de que la familia es paciente hasta que se completen las conversaciones y las oportunidades del ministerio
2. Recordar que su forma de interactuar con el pastor y los miembros de la iglesia muestra cómo va a interactuar con sus propios miembros de la iglesia y visitantes en el campo misionero
3. Ser flexible para que los planes puedan cambiarse en un momento, y estar dispuestos a cambiarse con ellos

III. Asociarse con gozó cuando los creyentes desean unirse contigo en su ministerio

II Corintios 8:3-5
3 Pues doy testimonio de que con agrado han dado conforme a sus fuerzas,
y aun más allá de sus fuerzas,
4 pidiéndonos con muchos ruegos
que les concediésemos el privilegio de participar en este servicio para los santos.
5 Y no como lo esperábamos
sino que a sí mismos se dieron primeramente al Señor,
y luego a nosotros por la voluntad de Dios;

*Pablo se regocijó en la asociación ministerial que Dios le había proporcionada a través de las iglesias de Macedonia, y anticipó la asociación que estaba formando con la iglesia de Corinto (I Corintios 16:3-4, II Corintios 8:1-6)
A. Regocijar por la gracia de Dios que está siendo vista a través de la generosidad y el amor cristiano mostrado por los creyentes (II Corintios 8:1-6, 9:8-11)
B. Regocijar por la provisión de Dios para los ministros de Dios (II Corintios 9:9-10)
C. Regocijar por la provisión de Dios para otros creyentes en necesidad a través de sus hermanos en la fe (II Corintios 9:12)

D. Animar a los creyentes que reciben el ministerio sacrificatorio de sus hermanos en Cristo que den acción de gracia públicamente, y que glorifiquen a Dios por aquellos creyentes que están suministrando a sus necesidades por orar por ellos (II Corintios 9:12b-15)

CONSEJOS PARA LOS VIAJES DE LA DIPUTACIÓN

I. El horario de viajar
   A. Ser apropiado en su hora de llegada
      1. No llegue tarde (30 minutos antes de que un servicio es aceptable)
         *Si va a llegar tarde, haga contacto con el pastor
      2. No llegue temprano (recuerda al pastor o la familia de acogida puede ser todavía preparando para su llegada)
         *Si estás temprano, encuentre un estacionamiento o tienda donde se puede descansar hasta su tiempo designado
   B. Llegar a la iglesia completamente vestido para el servicio
      *Si va a viajar una larga distancia, párese una tienda o gasolinera para cambiarse algunos minutos antes de su destino
   C. Coordinar al viaje para que no llegue al hospedador muy temprano ni muy tarde en el día, y cuando posible intente llegar por lo menos 30 minutos antes que las comidas
      *Tenga la información de los hospedadores disponibles para que pueda comunicarse con ellos en caso de tardanza

II. El vehículo de viajar
   A. Mantener el mantenimiento regularmente
      *Su vehículo es el transporte, hogar, oficina, etc.; si no esté en buen estado, no será capaz de compartir adecuadamente su ministerio con las iglesias ni creyentes
      *Comprar las piezas de las tiendas nacionales que honrarán sus garantías sin un recibo para que pueda hacer cambios en el futuro sin importar su lugar (Auto Zone)
      1. Los fluidos (verificar todos los niveles y la calidad)
         *Usar RainX de líquido limpiador de parabrisas (le ayuda en las tormentas)
         *Usar el aceite sintético y aditivos buenos (proporciona más millas entre cambios)
      2. Las gomas (verificar la presión del aire y la banda de rodadura)
         *Comprarlas en las tiendas que ofrecen reparación internacional y que ofrecen ayuda en las carreteras

*El desgaste desigual significa necesidades de suspensión y deben ser reparados por la seguridad
*Verificar la goma de repuesto y asegurase de que tiene un gato y orejeta

3. Los frenos (verticales regularmente)

B. Mantener una pequeña bolsa de herramientas y materiales para las reparaciones de vehículos
   1. La luz de mano
   2. Cinta eléctrica y duck tape
   3. Medidor de presión de goma
   4. Pega
   5. Destornilladores, alicates, etc.
   6. Cables de puente (por su vehículo, así como otras personas en necesitad)

C. Mantener una llave de repuesto escondido fuera del coche (para cuando las llaves queden atrapados en el interior)
*Una clave básica sin un chip que puede abrir la puerta, pero no prende el vehículo

D. Mantener suficientes cargadores y cables para sus electrónicos en el vehículo en todo momento (que tienen conjuntos separados de tomar en casas y hoteles)
*Si es posible, incluir un adaptador para su computadora portátil
*Si es posible incluir un convertidor para hacer su encendedor de cigarrillo una fuente de corriente

E. Usar un GPS como una guía a las iglesias
*Guardar el teléfono y su batería para las llamadas

F. Planear el interior de su vehículo y coloque siempre los mismos artículos de nuevo en su lugar para que sepa cuando esté falta algo
*"Cada cosa tiene un lugar y cada lugar tiene una cosa"

G. Llevar toallitas, servilletas, y productos de limpieza

H. Hacer uso de una caja de portaequipaje de techo o bastidor de enganche (preferible si es posible) para proporcionar un amplio espacio para todos los bienes
*Asegurar que cualquier sistema de caja que se usa es seguro de la moción del vehículo y de los ladrones

I. Utilizar el sistema AUTO EXPRESO por los peajes

J. Tener un kit de manos libres por el teléfono disponible para contestar todas las llamadas (cada estado tiene diferentes leyes)
K. Mantener un libro de kilometraje o millaje
L. Mantener un sobre para guardar todos los recibos (hoteles, comidas, compras del ministerio, etc.)
M. Mantener los cables de jumpear la batería

III. Los suministros personales de viajar
*Cada familia y ministerio tendrán necesidades específicas, por esta razón, puede ser útil (por lo menos en principio) para establecer hojas de verificación para cada miembro de la familia, para que nada se quede atrás
*Al llegar en la ciudad, puede ser útil a notar donde se encuentran Walmart, Kmart, y las farmacias, por lo que si hay algunos artículos que quedan atrás, se puede adquirir de forma rápida y discreta
A. Mantener una bolsa pequeña de artículos de higiene personal sólo para los viajes
*Los recipientes rellenables son muy útiles
B. Mantener una "caja de reposición de existencias" en su coche para mantener las tarjetas de oración extra y la literatura para su mesa, y para compartir con los pastores
C. Mantener una pequeña bolsa de meriendas con bocadillos de tamaño pequeño y bebidas (agua, jugo, etc.) disponibles para mantenerse alerta y en movimiento en el camino
*Puede ser útil tener un pequeño merienda y bebida en su maleta en caso de que la necesidad de comer algo pequeño entre comidas o antes de acostarse
D. Mantener los bolígrafos y lápices adicionales y papel en las ubicaciones de almacenamiento para tomar las notas rápidas
E. Incluir una pequeña impresora y escáner que se puede configurar fácilmente, y materiales para la imprimir en el camino para los viajes largos
F. Montar un estante de colgar para la ropa de vestir
G. Tener luces de mano y luces nocturnas disponibles para ambos en el vehículo y en su maleta (cada lugar en que se queda será diferente en la oscuridad)
H. Mantener cargadores específicos y los cables de carga en su equipaje en todo momento

I. Tener un pequeño botiquín de primeros auxilios que incluye los analgésicos, medicamentos para el resfriado, antiácidos, etc. en un bolsillo de su vehículo y maleta
J. Incluir una pluma removedor a de manchas Tide y la Guardia Estática en su maleta
*Usted podría incluir un pequeño kit de costura
K. Tener una bolsa de lavandería no transparente designado (a fin de no mezclar la ropa limpia y sucia)
L. Mantener las vainas de gel (detergentes para lavar ropa) y las hojas de suavizante en el vehículo para cualquier necesidad de lavandería
M. Si usted tiene hijos, mantener una pequeña bolsa o caja de juguetes para niños en el vehículo en todo momento
*Proveer las pizarras blancas y libros para colorear
*Utilizar bolígrafos y marcadores lavables (tener cuidado con los crayones que puedan derretir en el calor (usar crayones Twistable)
*Libros de lectura
*Frisas, animales de peluche, etc.
N. Si usted tiene niños, permitir que cada niño tenga una pequeña bolsa de viaje con una manta, animal de peluche favorito, etc., que pueden llevar con ellos en las casas y los hoteles
O. Guardar provisiones para dormir para los niños (sacos de dormir, almohadas, etc.), y almohadas para los padres (no es necesario llevarlas a cada casa, pero es bueno de tenerlas disponibles para la siesta en el coche y de cualquier falta en la casa de acogida)

IV. Los suministros del ministerio
A. Empacar todas las “chucherías” para la mesa de exhibición en una bolsa pequeña o una moleta con ruedas
B. Tener su presentación multimedia en diferentes formatos (de DVD y USB, etc.)
*Los más formatos que tiene disponible, las más iglesias puedan usar su sistema para presentarla
C. Tener su propio proyector
*Las iglesias que no tienen un proyector o que tienen problemas con su equipo aún deben tener la oportunidad de ver su presentación
D. Tener su propio máquina para presentar su presentación multimedia (tocador de DVD, computadora, etc.)

*Un tocador de DVD de viaje con una pantalla y bocinas mobles le permite tener un mejor control del video y son útiles con un micrófono inalámbrico

E. Tener sus propios cables del adaptador de electricidad, vídeo y sonido (estar listo para el sistema de sonido de cada iglesia porque pueden ser diferentes)
*Eléctrica - Cable de extensión, regleta, o enchufe múltiple
*Video - HDSD, VGA, HDMI, etc.
*Sonido - Adaptador de cable de micrófono, conector de la guitarra, y conector para auriculares

F. Tener bocinas móviles pequeños pero de calidad
*Puede guardarles en una esquina del vehículo para ser utilizado sólo cuando sea necesario

G. Tener tarjetas de oración adicionales siempre

H. Tener un formulario bien organizado para hacer una lista de recipientes de su carta de oración (tarjeta de 3/5 rotafolio o en el tamaño de media hoja)

I. Tener un mantel de mesa, de buena calidad, para la mesa de exhibición

J. Tener copias físicas originales de los bosquejos, los materiales del ministerio de los niños, música especial, etc.
*Es posible que puede pedir la iglesia para hacer copias, pero es necesario tener los originales

K. Hacer copias de sus archivos electrónicos frecuentemente en un lugar accesible, incluso mientras esté de viaje (basado en internet cuando posible)

L. Mantener copias impresas de su itinerario de viaje e información de las iglesias para un acceso rápido, incluso cuando la internet no esté disponible

LA VISITA A LA IGLESIA

I. La llegada
*La llegada es su segunda impresión y determina la confianza que el pastor y la iglesia van a tener en su familia y ministerio cuando esté lejos de ellos en el campo misionero
   A. Coordinar la visita con el pastor en los meses antes de la visita
   B. Confirmar la hora y el lugar de la llegada por comunicación directa al pastor (teléfono, correo electrónico, texteo, etc.)
   C. Llegar al tiempo designado en PUNTO
      1. Prepararse por cualquier culto o ministerio antes que llegue a la iglesia
      2. Llegar por lo menos 30 minutos antes de los cultos
      3. Siempre comunicarse con el pastor si haya una tardanza

II. La presentación
*La presentación es clave en comunicarse con el pastor y su iglesia sobre su ministerio, el país de ministerio, su dedicación a Dios, etc., y incluye todos los materiales ministeriales que presenta antes, durante, y después del culto, y como la familia entera hace el interacción uno con el otro y con los demás
   A. La mesa de exhibición
   B. Las tarjetas de oración
   C. La presentación multimedia
   D. Los testimonios
   E. Las preguntas y respuestas
   F. La predicación

III. Las preguntas y respuestas
*Con tiempo, el misionero se encontrará que ciertas preguntas son estándar, y para estas preguntas puede formular una respuesta completa que se ha ido perfeccionando (a veces estas respuestas vienen con una mayor explicación que la pregunta originalmente está pidiendo, pero con la explicación, muchas otras preguntas se ponen al silencio)

A. Preguntas del pastor
*El misionero debe estar preparado para presentar a los pastores con respuestas factuales y Bíblicas a lo siguiente:
1. Preguntas de su iglesia enviadora y su agencia misionera
2. Preguntas doctrinales
3. Preguntas de las versiones de la Biblia
4. Preguntas del ministerio
*Su entrenamiento, su experiencia, su filosofía, sus métedos
5. Preguntas de la familia
*El vestido, la música, los estándares de vídeo, etc.
6. Preguntas de la separación en la vida privada y el ministerio público
7. Preguntas de su andar espiritual en su vida privada

B. Preguntas publicas
*El misionero debe desfrutar las preguntas en público (durante los cultos). La oportunidad para la iglesia a hacer preguntas públicamente siempre coloca al misionero en desventaja, porque aunque un misionero debe saber acerca de su campo de servicio, puede haber preguntas de que tiene que contestar con "no sé ahora, pero puedo buscar una respuesta más tarde"
1. Preguntas sobre la familia
a. ¿Qué vas a hacer por la escolarización de sus hijos?
b. ¿Cuál es el papel de su esposa en la familia y el ministerio?
c. ¿Dónde va a vivir en relación con su ministerio?
d. ¿Qué temas de seguridad y salud tendrá que enfrentarse?
e. ¿Cuáles son sus necesidades presupuestarias por dólares y porcentaje?
*Es importante ser capaz de proporcionar un breve desglose de sus necesidades presupuestarias (posiblemente incluyendo alguna información económica del campo misionero) para mostrar la cantidad del presupuesto que es para el ministerio, personales, impuestos, seguros, etc.

f. ¿Qué planes hay para incluir a los niños en el aprendizaje de idiomas?

2. Preguntas sobre el ministerio
   a. ¿Cómo Dios le dirigió a su campo de servicio?
   b. ¿Qué tipo de ministerio va a tener: iglesia, escuela, etc.?
   c. ¿Dónde va a servir: país, ciudad, etc.?
   d. ¿Va a tener compañeros de trabajo?
   e. ¿Cómo va a lograr el evangelismo y discipulado?
   f. ¿Va a necesitar la enseñanza de idiomas, y donde va a recibirla?
   g. ¿Sería posible tener grupos de trabajadores para visitar y ayudar en el ministerio?
   h. ¿Cuáles son algunos de los objetivos a corto plazo y a largo plazo?
   i. ¿Cuáles otras obras fundamentales y misioneros bautistas hay en el país y ciudad?
   j. ¿Cuáles son algunos de los obstáculos principales que va a enfrentar?
3. Preguntas sobre el país
   a. ¿Dónde está tu país?
   b. ¿Cuál es el tamaño y la población del país?
   c. ¿Qué tipo de alimentos comen las personas?
   d. ¿Cuál es la situación económica del país, incluyendo el costo de vivir?
   e. ¿Cuál es la situación política, y cómo va a afectar a usted como misionero?
   f. ¿Cuáles son las religiones principales?
   g. ¿Cuál es el idioma principal?
   h. ¿Son las personas receptivas o resistentes al Evangelio?

C. Preguntas privadas

*Muchas de las preguntas privadas serán las mismas que las cuestiones pastorales y públicos, sin embargo, puede ser necesario proporcionar un poco más de información o los detalles del fondo con el fin de ser un poco más personal

*Algunas preguntas particulares pueden parecer intrusivo (no todas las preguntas se presentan con tacto o se pensó antes de ser preguntada) pero no se puede responder con sorpresa, sino más bien transmitir una respuesta apropiada en una manera discreta

*Algunas preguntas particulares deben ser contestadas con cuidado debido a la conexión directa de un misionero a la autoridad espiritual del ministerio en el púlpito

**El misionero debe ser muy cuidadoso en sus respuestas a cualquier tema corriente doctrinal o controvertido. En muchos casos, respuestas breves, directos de un pasaje de la Escritura pueden ser útiles, pero debe ser siempre un estado de alerta al hecho de que la pregunta se le puede pedir porque el individuo tiene una diferencia de opinión con el liderazgo de la iglesia

**Es muy importante que el misionero se refiere a la persona a su iglesia local por las respuestas detalladas y en profundidad consejo porque las preguntas "cargadas" en ocasiones pueden llegar a ser las preguntas que destruyen el ministerio y el testimonio del misionero

IV. La predicación y la instrucción Bíblica

A. El mensaje debe ser un punto culminante del ministerio del misionero a la iglesia.

*A través del mensaje elegido y la presentación de ese mensaje, la iglesia tendrá la oportunidad de ver el compromiso del misionero a Dios y Su Palabra, y su pasión por los demás

B. El mensaje debe ser siempre doctrinalmente y contextualmente correcto

C. El mensaje debe ser apropiado para la audiencia (adultos, jóvenes, niños, etc.), el tiempo de servicio, y los objetivos declarados del pastor

D. El mensaje debe ser presentado con claridad y autoridad

V. Las comidas y el compañerismo

A. Las comidas son una gran manera de conocer a otros creyentes en un ambiente más informal, sin embargo, no es raro que el misionero no puede terminar su comida porque mientras que otros están comiendo, el misionero tiene que responder a las preguntas y compartir información sobre su ministerio
*Cuando sea posible, trate de no dominar la conversación, sino más bien dar al oyente la oportunidad de compartir su vida y ministerio

B. Las comidas son un una gran manera para los anfitriones a ver la interacción familiar del misionero
*Toda la familia se encuentra en exhibición en qué y cómo comen
*Es una gran oportunidad para el misionero mostrar su comprensión bíblica de cuidar de su familia incluso bajo las presiones del ministerio por pedir de ser excusado de una conversación para que pueda ayudar con los niños, etc.

C. En muchos hogares, es necesario comer lo que se ofrece
*Si por alguna razón esto no es posible, una solicitud para ser exento de esta regla puede estar en orden al huésped
*Debido a que cada comida es diferente y el misionero está a la misericordia del huésped, el misionero no debe sentirse excesivamente presionado, pero debe seguir cortesía común (Lucas 10:8)
*Si hay dietas específicas por la salud o niños pequeños, siempre es beneficioso dejar de mencionar antes de llegar a la casa para comer (al pastor antes que la visita)
*Aunque es muy difícil, puede ser necesario permitir que los niños tengan más dulces, bebidas, etc. que normalmente se desea aunque esto puede ser un intruso en los hábitos de la familia, a menudo es mejor aceptar la amabilidad de los anfitriones en lugar de ofenderlos, al negarse lo que han proporcionado gentilmente

D. Cuando en un restaurante, es importante que el misionero sea moderado en su compra
*En algunas ocasiones, la familia que está comprando la comida normalmente no come en un restaurante, pero es un regalo para ellos, al igual que es un ministerio de sacrificio para el misionero
*Cuando sea razonablemente posible, pedir el restaurante por la comida que sobra para que se pueda llevarlas con el fin de no desperdiciar los dones que otros han dado

VI. La alojamiento

A. El permanecer en la casa de un miembro de la iglesia o pastor puede ser una gran manera de conocer mejor el ministerio; sin embargo, se debe utilizar mucha cautela por su testimonio y la de ellos

*Siempre es mejor que toda la familia permanece juntos en la misma casa, para que no surjan problemas con los niños sin protección o disciplina de los padres

B. Aunque todos los alojamientos no son como su hogar, el misionero debe reconocer y tener mucha apreciación que cada familia acogida está sacrificando para tener una familia adicional en su casa durante este tiempo, y por lo tanto, debe intentar a ajustar a sí mismo y su familia a la norma del hogar

*El misionero y a su familia siempre debe ser flexible y ceder ante el anfitrión en las horas de comida, las necesidades del baño, la hora de dormir, etc.

C. Es muy importante reconocer que no todos los pastores saben lo que pasa en todas las casas de los miembros de su iglesia

*Si se encuentran materiales cuestionables en los cuartos de los niños, las selecciones de música, etc., y se siente la necesidad de compartirlo con el pastor, por favor, hágalo discretamente y con amor cristiano

*Reconocer que una sola casa no es la representación completa del ministerio, y no tener una sola mala circunstancia como un reflejo directo del ministerio del pastor

D. Nunca estar tan cómodo a tratar la casa como su hogar, incluso cuando se le invita a manejarse como es su casa

*Cada persona entiende que su casa se ejecuta de manera diferente y tiene ciertas reglas y normas. Porque no puede saber las normas de la casa donde está visitando, acepte la declaración de "mi casa es su casa," como un gesto amable, pero aún así estar alerto y respetuoso con los permisos que realmente quieren decir con esa afirmación

E. Verificar el programa de la familia anfitriona (trabajo, escuela, etc.) para evitar la posibilidad de que dos personas del sexo opuesto se dejarán en la casa sola en cualquier momento

F. Cuando alojamiento por la noche no es ofrecido, puede ser mejor que no lo pida por un lugar
*II Reyes 4:8-37 - Eliseo no pidió por el alojamiento pero lo recibió cuando la mujer Sunamita lo ofreció como ministerio a Dios
*Aunque puede ser un descuido por parte del pastor, sino que también puede ser que no tienen la capacidad de proporcionar el alojamiento necesario
*Es mejor que busque un hotel cerca pero afuera del pueblo de la iglesia, y considerar el tiempo y los gastos como parte de su ministerio, y mirar al Señor por Su provisión

EL TIEMPO PERSONAL

Invertir su ministerio pre-campo
como preparación para su ministerio en-campo
Hechos 13:1-3, I Corintios 9:19-23

*Cada evento y encuentro debe ser reconocido como parte del plan perfecto de Dios para preparar Su ministro para su ministerio futuro. El ministerio de pre-campo no es un fin en sí mismo, sino más bien parte del proceso de Dios para preparar y equipar a Su mensajero para el ministerio en particular en que va a participar en su campo de servicio. El apóstol Pablo, al hablar de las tribulación en su ministerio, dijo: "***Bendito sea el Dios y Padre de nuestro Señor Jesucristo, Padre de misericordias y Dios de toda consolación, el cual nos consuela en todas nuestras tribulaciones, para que podamos también nosotros consolar a los que están en cualquier tribulación, por medio de la consolación con que nosotros somos consolados por Dios***" (II Corintios 1:3-4). Por lo tanto, el misionero que encuentra su ministerio pre-campo lleno de desilusiones, incluso que ha tenido que extenderse más de lo previsto, debería utilizar su tiempo para estudiar más a fondo la Palabra de Dios y poner Sus verdades en práctica para que sea plenamente preparado para la vida de fe que lo hará necesario mientras que vive en un país extranjero. Por "***sabemos que a los que aman a Dios, todas las cosas les ayudan a bien, esto es, a los que conforme a su propósito son llamados ... para que fuesen hechos conformes a la imagen de su Hijo***" (Romanos 8:28-29). "***¿Qué, pues, diremos a esto? Si Dios es por nosotros, ¿quién contra nosotros? El que no escatimó ni a su propio Hijo, sino que lo entregó por todos nosotros, ¿cómo no nos dará también con él todas las cosas?***" incluyendo la preparación y la provisión adecuada para su ministerio (Romanos 8:31-32)?

El Ejemplo de Hudson Taylor
de
El Secreto Espiritual de Hudson Taylor

"Desde ese momento su vida tomó un nuevo rumbo, unificado por un solo anhelo y propósito. Pues Hudson Taylor no fue desobediente a la visión celestial y el obedecer la voz de Dios le era cosa muy práctica. Inmediatamente comenzó a prepararse lo mejor que pudo para una vida que sin duda habría de exigirle gran resistencia física. Hizo más ejercicios al aire libre; cambió su colchón de plumas por un colchón duro y se privó de todos los delicados manjares de la mesa. En vez de asistir a la iglesia dos veces al día domingo, iba por las noches a visitar los barrios pobres de la ciudad, repartiendo tratados y celebrando cultos en los hogares. Llegó a ser una figura muy conocida, desde las cocinas de la pensiones, hasta la pista de carreras, en donde su rostro sonriente y su amabilidad le abrieron muchas oportunidad para predicar el mensaje. Esto le sirvió de estímulo para estudiar con ahinco la Palabra y dedicase más a la oración, pues muy pronto se dio cuenta que hay Uno y sólo Uno que nos pude hacer 'pescadores de hombres.'

También emprendió el estudio del lenguaje chino con fervor. Una gramática de ese formidable idioma hubiera costado mas de veinte dólares, y un diccionario por lo menos setenta y cinco dólares. Imposible ni el uno ni el otro. Pero con una copia del Evangelio de Lucas en chino, comparando pacientemente las frases breves con su equivalente en el inglés, averiguó el significado de más de seiscientos caracteres. Estos los aprendió y con ellos formó su propio diccionario, al mismo tiempo que llevaba a cabo otros estudios relacionados."

Primeros Pasos

"'Para mí fue un asunto muy serio,' escribió ese invierno, 'el pensar en ir a la China, lejos de todo apoyo humano, dependiendo solamente del Dios viviente para mi protección, sostén y toda clase de ayuda. Sentí que había necesidad de fortalecer mis músculos espirituales, por sí decirlo, para tal empresa. No había duda que si la fe no faltaba, Dios tampoco faltaría. Pero ¿qué si la fe de uno no fuera suficiente? En ese tiempo yo no había aprendido aún que 'si fuéremos infieles Él permanece fiel; no se puede negar a sí mismo.' Por lo tanto, fue asunto de gravedad para mi, no que Dios fuera fiel, sino que yo tuviera una fe lo suficiente robusta para embarcarme en la empresa que me había propuesto.

'Cuando llegue a la China,' pensé, 'no podré disponer de nada ni de nadie. Mi único apoyo será Dios. Cuán importante que aprenda, pues, aun antes de salir de Inglaterra, mover a los hombres, por medio de Dios, sólo por la oración.'"

Adelante En La Fe

Filipenses 4:11-13
11 No lo digo porque tenga escasez,
pues he aprendido a contentarme,
cualquiera que sea mi situación.
12 Sé vivir humildemente, y sé tener abundancia;
en todo y por todo estoy enseñado,
así para estar saciado como para tener hambre,
así para tener abundancia como para padecer necesidad.
13 Todo lo puedo en Cristo que me fortalece.

I. Prepararse para servir en cualquier circunstancia o dificultad (Rom. 10:17, II Tim. 3:14-17, I Ped. 5:5-11, II Ped. 1:2-4, 10)
   A. Dedicarse a estudiar sobre el amor de Dios, Sus promesas, y Sus expectativas para su vida
   B. Dedicarse a pedir a Dios que aumente su fe y dependencia en Él para todos los detalles de su vida
   C. Dedicarse a sacrificarse personalmente (energía, tiempo, dinero, etc.) para Dios, Su ministerio, y los que le rodean
   D. Dedicarse a reconocer sus deficiencias y su necesidad de humilde dependencia de Dios para todo

II. Prepararse para servir con la Palabra de Dios (I Tim. 4:15-16, II Tim. 2:14-15, 4:1-5)
   A. Dedicarse a establecer patrones de estudiar la Biblia y preparar los sermones
   *Organizar una biblioteca de recursos espirituales (de libros físicos y recursos digitales)
   B. Dedicarse a estudiar temas importantes que espera enfrentar en el campo
   C. Dedicarse a recopilar y organizar los recursos que va a necesitar para servir en el campo (folletos, materiales de escuela dominical, estudios bíblicos, música, etc.)
   D. Dedicarse a escribir estudios Bíblicos y folletos que puede adaptar para su ministerio futuro

III. Prepararse para servir con su familia (Gén. 18:18-19, Deut. 6:1-25, Efe. 5:22-6:4, Pedro 3:1-7)
   A. Dedicarse a comunicarse con su familia sobre las verdades bíblicas que Dios le está enseñando para que puedan crecer en su fe y dependencia de Él, y exhortarlos a hacer lo mismo
   B. Dedicarse a orar con su familia acerca de sus necesidades presentes y futuras, y se gozan juntos cuando se ve el suministro de Dios
   C. Dedicarse a incluir a su familia en oportunidades de ministerio, y guiarlos a reconocer que el sacrificio para Dios y su ministerio es un privilegio
   D. Dedicarse a edificar y proteger el amor familiar para que la unidad y la armonía sean la norma, incluso en tiempos de agotamiento y estrés

IV. Prepararse para ministrar con sus compañeros del ministerio (Exo. 24:13, 33:11, I Reyes 19:19-21, Juan 13:3-17, II Corintios 7:5-7)
   A. Dedicarse a comunicarse con sus compañeros del ministerio para que sepa sus necesidades y ellos sepan las suyas
   B. Dedicarse a orar específicamente para sus compañeros del ministerio y sus cargas físicas y espirituales, y regocija en sus bendiciones
   C. Dedicarse a prepararse para edificar sus compañeros del ministerio tanto física como espiritual

V. Prepararse para ministrar con los nacionales (I Corintios 9:19-27, 10:32-33, II Corintios 4:1-5, Gal. 6:1-2, II Tim. 2:24-26, Santiago 2:1, I Pedro 3:15)
   A. Dedicarse a estudiar sobre su nuevo hogar e implementar algunos cambios en su vida diaria para que se adaptará más fácilmente a su vida futura
   B. Dedicarse a orar por las necesidades del país, la ciudad, y la iglesia en la que estará ministrando
   C. Dedicarse a orar para que Dios abra los corazones de los que van a recibir su ministerio
   D. Dedicarse a buscar oportunidades de conocer y atender a los de la nacionalidad de su campo misionero durante sus viajes de la diputación
   E. Dedicarse a cuidar los necesidades de aquellos que se encuentra, sin importar su estado, edad, o condición, y animarlos amablemente a aplicar las respuestas de Dios a las preguntas de su vida

I Timoteo 6:6-8

6 Pero gran ganancia es la piedad acompañada de contentamiento;
7 porque nada hemos traído a este mundo, y sin duda nada podremos sacar.
8 Así que, teniendo sustento y abrigo, estemos contentos con esto.

Hebreos 13:5

5 Sean vuestras costumbres sin avaricia,
contentos con lo que tenéis ahora;
porque él dijo: No te desampararé, ni te dejaré;

El Entrenamiento del Misionero
Por Ejemplo de Pablo en Hechos

El misionero debe hacer una inversión de su tiempo y sus bienes para prepararse adecuadamente antes que vaya al campo misionero.

I. El entrenamiento empieza con la conversión (9:1-17)

II. El entrenamiento necesita los primeros pasos de obediencia (9:18-19)

III. El entrenamiento tiene que estar mezclado con celo y habilidad verdadera (9:20-25)

IV. El entrenamiento incluye el tiempo para estudiar y con un mentor
   A. Estudiar - 3 años en el desierto (Gálatas 1:17-19)
   B. Mentor - Tiempo con Bernabé (9:26-27, 11:22-26, 12:25, 13:1-9)
   *II Timoteo 2:1-2

V. El entrenamiento ofrece oportunidades por experiencias prácticas (11:29-30, 12:25)
   A. El viaje corto con Bernabé para llevar ayuda a la iglesia in Jerusalén de su iglesia en Antioquia

VI. El entrenamiento lleva al ministro a la aprobación de los otros líderes espirituales (13:1-3)
   A. La ordinación al ministerio (aprobado por las preguntas de los pastores y el voto de la iglesia)
   B. La licencia al ministerio

VII. El entrenamiento continua a través todo el ministerio
**Filipenses 3:12-16*
**II Timoteo 4:13*

Entrenamiento Toma el Tiempo

- Moisés - 40 años en Egipto + 40 años en el campo
- Moisés y Josué - 40 + años en el desierto
- Elías y Eliseo - 11 años en servicio
- Pablo - 8 años después su salvación (en el desierto y con Bernabé)

La Importancia del Estudio del Lenguaje y la Cultura

I Corintios 9:19-23

I Corintios 9:19-23

19 Por lo cual, siendo libre de todos,
me he hecho siervo de todos para ganar a mayor número.
20 Me he hecho a los judíos como judío, para ganar a los judíos;
a los que están sujetos a la ley (aunque yo no esté sujeto a la ley) como sujeto a la ley, para ganar a los que están sujetos a la ley;
21 a los que están sin ley, como si yo estuviera sin ley
(no estando yo sin ley de Dios, sino bajo la ley de Cristo),
para ganar a los que están sin ley.
22 Me he hecho débil a los débiles, para ganar a los débiles;
a todos me he hecho de todo, para que de todos modos salve a algunos.
23 Y esto hago por causa del evangelio, para hacerme copartícipe de él.

*Desde el torre de Babel (Génesis 11:1-9) donde Dios confundió las lenguas por la desobediencia de la gente, grupos han formado de personas que comunican con la misma lenguaje, y que hacen costumbres comunes en pueblos, ciudades, y países. Por lo tanto, es de suma importancia que el misionero reconoce, estudia, y aplica los costumbres de la gente que está sirviendo para que ellos se encuentren un Dios que la ama en una manera que puedan entender. Sin embargo es de igual importancia que el misionero nunca viole la santidad de Dios ni Su Palabra por practicar culturas ajenas para ganar la confianza de la gente. El misionero tiene que dejar sus derechos de sus costumbres en el amor de Cristo para que pueda ganarlos en su nuevo país por el amor de Cristo (II Corintios 12:15).

*Lenguaje - "4 manera de expresarse que es característica de una persona o de un grupo" (Diccionario Escolar Lengua Española, VOX. Biblograf, S.A.: Baracelona, España, 2000.)

**Lengua - "lenguaje, idioma"* (Strong, James. *Nueva Concordancia Strong Exhaustiva: Diccionario.* Nashville, TN: Caribe, 2002.)

*Cultura - "2 Conjunto de conocimientos, ideas, tradiciones y costumbres que caracterizan un pueblo o a una época" (Diccionario Escolar Lengua Española, VOX. Biblograf, S.A.: Baracelona, España, 2000.)

***Costumbre, Prácticas - (H2706 y H2708) "cita, nombramiento (de tiempo, espacio, cantidad, trabajo o uso)," (H4941) "incluso estilo," (G1485) "prescrito por hábito o ley ... rito," (G1486) "por hábito o convencionalismo," (G4914) "habitación mutua"* (Strong, James. *Nueva Concordancia Strong Exhaustiva: Diccionario.* Nashville, TN: Caribe, 2002.)

I. Reconocer el idioma y la cultura
   A. Las Escrituras reconocen las lenguas diferentes
      1. Génesis 11:1-9 - La confusión de las lenguas
      2. Génesis 37:23-28, Salmo 81:5 - La diferencia de lengua de José y los Egipcios
      3. Daniel 1:1-4 - La necesidad de Daniel a estudiar la lengua de los caldeos
      4. Mateo 26:71 - La identificación de Pedro como uno de los seguidores de Cristo
      5. Hechos 2:4-12 - La identificación de los discípulos de ser galileos y el milagro de Dios a ayudar a todos los oyentes de escuchar en la lengua de su nacimiento
      6. Filipenses 2:10-11 - La profecía que cada lengua va a confesar que Jesucristo es el Señor
      7. Apocalipsis 5:9- La profecía que gente de cada lengua va a estar en el cielo cantando de su redención a Dios
   B. Las escrituras reconocen las culturas diferentes
      *Hay algunas culturas pecaminosas que son las tradiciones del grupo de gente porque la mayoría de la gente unida es incrédula
      1. Costumbres paganas - Levítico 18:26-30, 20:22-23 Jeremías 10:1-5
      2. Costumbres históricas - Jueces 11:39-40, Hechos 6:14, 28:17-18
      3. Costumbres sociales - I Samuel 2:13, Juan 18:39
      4. Costumbres personales - Lucas 4:16
      5. Costumbres religiosas - Lucas 1:8-9, 2:41-42
      6. Costumbres nacionales - Hechos 16:19-21, 26:2-3
      7. Costumbres de vestirse - I Corintios 11:14-16

El misionero tiene que decir:
"Voy a honrar la cultura de mi nuevo país,
cuando la cultura no desondra a mi Dios."

II. Honrar el lenguaje y la cultura
   A. El ministerio requiere el lenguaje de la audiencia
      1. Para compartir el Evangelio - Hechos 2:4-47, Hechos 21:34-22:23
      2. Para comunicar claramente la instrucción de Dios y edificar a los creyentes - I Corintios 14:9-11
   B. El ministerio requiere la cultura de la audiencia
      1. Para ganar una entrada para presentar el Evangelio - I Corintios 9:19-23, Hechos 17:19-33
      2. Para probar que Dios no hace acepción de personas - Hechos 10:34-35, Colosenses 3:11
      3. Para asegurar que no hay un cambio de una buena relación con Dios por normas humanas y tradiciones religiosas - Gálatas 2:1-14

Romanos 1:14
14 A griegos y a no griegos,
a sabios y a no sabios soy deudor.

III. Estudiar el lenguaje y la cultura
   A. Los estudios personales
      1. Estudiar en privado con los programas de enseñanza del lenguaje (por CD, DVD, computadora, red, etc.)
      2. Buscar tutores que pueden guiarle y practicar el lenguaje con él
      3. Practicar a leer y memorizar los pasajes de la Biblia en el lenguaje nuevo que ya conoce en su propio idioma
      4. Investigar en los libros y por el red toda la información posible sobre la vida y cultura
         *No estar contento con información de lo que hacen o no hacen, sino buscar por las historia de porque hacen lo que hacen para que empiece a entender como la gente piense y se siente
      5. Hacer preguntas con personas que han vivido en la cultura
      6. Cambiar algunos costumbres propios por los costumbres nuevos (comidas, horarios, etc.)

B. Los estudios escolares - Daniel 1:1-4, Hechos 7:22
   1. Tomar clases básicas en una universidad
      a. Que enseña las básicas del vocabulario y la gramática
      b. Que ofrece una introducción de como la cultura y el idioma son unidos
   2. Asistir una escuela de idioma
      a. Que tiene clases intensivas en la gramática y la conversación (pronunciación y fonética)
      b. Que tiene clases con tutores del país y área del ministerio
      c. Que explica las diferencias culturas y la historia del país y lenguaje

Las Preparaciones por la Salida
Hechos 13:1-4

Hechos 13:1-4
1 Había entonces en la iglesia que estaba en Antioquía, profetas y maestros: Bernabé, Simón el que se llamaba Niger, Lucio de Cirene, Manaén el que se había criado junto con Herodes el tetrarca, y Saulo.
2 Ministrando éstos al Señor, y ayunando, dijo el Espíritu Santo: Apartadme a Bernabé y a Saulo para la obra a que los he llamado.
3 Entonces, habiendo ayunado y orado, les impusieron las manos y los despidieron.
4 Ellos, entonces, enviados por el Espíritu Santo, descendieron a Seleucia, y de allí navegaron a Chipre.

I. Esperar por la confirmación del liderazgo espiritual (Proverbios 11:14)
   A. La iglesia enviadora
   B. Las iglesias apoyadores
   C. La agencia de misionera

II. Buscar por la provisión de Dios (Lucas 14:28-33)
   A. El presupuesto mensual (para la familia y el ministerio)
      *Como fue establecido con oración por el consejo de su iglesia enviadora y su agencia misionera
   B. El presupuesto de viajar y de establecerse

En fe esperar por la provisión de Dios por lo que necesita para que no tenga que demandar de Él, en fe, en su tiempo de desperación.

III. Preparar por los detalles de transición (Hechos 20:16-38, II Timoteo 4:13)
   A. Establecer la fecha
      1. Considerar las circunstancias familiares y ministeriales (cumpleaños, cultos especiales, días feriados, preferencia de los compañeros)
         *Asegurarse que la familia ha tenido un buen descanso de la diputación para que estén listos por los cambios y las demandas
         *Siempre buscar el consejo de sus compañeros misioneros si lo tiene

2. Considerar las circunstancias nacionales del país (clima, días feriados)
3. Considerar el momento de la llegada de las pertenencias
4. Considerar donde va a vivir y la transportación (residencia y vehículo, etc.)
5. Considerar los gastos de viajar (boleto del avión, alquila de vehículo, etc.)

B. Cumplir todos los documentos legales
1. Pasaporte
2. Visa
3. Identificación federal (tarjeta de # social)
4. Certificado de nacimiento

C. Recibir cuidos médicos
1. Examen médica completo
2. Vacunas apropiadas (por edad y país de servicio)

D. Empacar los bienes y los suministros ministeriales
*Cada misionero y campo misionero tiene circunstancias y necesidades diferentes, por lo tanto, el misionero tiene que calcular bien el precio de enviar sus bienes y los suministros, o comprarlos en el país de servicio
*Es importante enviar algunas cosas familiares para ayudar a la familia ajustarse a todos los cambios y para que puedan hacer su casa un hogar especial
*Cuando enviando bienes eléctricas, siempre verificar la corriente de la electricidad (110 volt., o 220 volt., etc.)
*Siempre considerar los impuestos del país por los bienes propios y los suministros ministerios
*Cuando esté empacando, hacerlo con mucho cuidado para que nada se rompa ni se dañe por la distancia que va a viajar y el tiempo que va a estar encajado
1. Ropa
2. Utensilios de cocina
3. Juegos de niños
4. Herramientas
5. Libros (personales y del ministerio)
6. Muebles (de casa y del ministerio)
7. Electrodomésticos

E. Organizar un programa de los saludos de "adiós"
   1. Familia
   2. Amistades
   3. Iglesia enviadora
      *Un culto especial
   4. Iglesias apoyadores
      *Una carta especial con fechas y pidiendo oración

Made in the USA
Coppell, TX
30 July 2024